JIYU JILIANG JINGJI FENXI DE GUKE ZHONGCHENGDU ZHI YANJIU
YI GUOYOU SHANGYE YINHANG WEILI

基于计量经济分析的顾客忠诚度之研究

——以国有商业银行为例

葛梅 周平 著

知识产权出版社
全国百佳图书出版单位

图书在版编目（CIP）数据

基于计量经济分析的顾客忠诚度之研究：以国有商业银行为例/葛梅，周平著．
—北京：知识产权出版社，2017.5
　ISBN 978-7-5130-4596-4

　Ⅰ.①基…　Ⅱ.①葛…　②周…　Ⅲ.①国有商业银行—商业服务—银行管理—研究—中国　Ⅳ.①F832.33

中国版本图书馆 CIP 数据核字（2016）第 273003 号

内容提要

本书主要通过对国有商业银行现实顾客的研究，了解顾客使用国有商业银行的满意情况及其与顾客忠诚度相关的因素，建立一套客观的评价顾客忠诚度的模型，使得国有商业银行经营者能够在资源有限的条件下，提升顾客忠诚度，增强企业竞争力。

责任编辑：彭喜英　　　　　　　　　　责任出版：孙婷婷

基于计量经济分析的顾客忠诚度之研究：以国有商业银行为例

JIYU JILIANG JINGJI FENXI DE GUKE ZHONGCHENGDU ZHI YANJIU：YI GUOYOU

SHANGYE YINHANG WEILI

葛　梅　周　平　著

出版发行：**知识产权出版社**有限责任公司	网　　址：http：//www.ipph.cn
电　话：010-82004826	http：//www.laichushu.com
社　址：北京市海淀区西外太平庄 55 号	邮　　编：100081
责编电话：010-82000860 转 8539	责编邮箱：pengxyjane@163.com
发行电话：010-82000860 转 8101/8029	发行传真：010-82000893/82003279
印　刷：北京中献拓方科技发展有限公司	经　　销：各大网上书店、新华书店及相关专业书店
开　本：720mm×960mm　1/16	印　　张：8.75
版　次：2017 年 5 月第 1 版	印　　次：2017 年 5 月第 1 次印刷
字　数：115 千字	定　　价：36.00 元

ISBN 978-7-5130-4596-4

前　言

　　中国国有商业银行主要有中国工商银行、中国银行、中国农业银行、中国建设银行。四大国有商业银行无论在规模上，还是业务存贷款上都占据着中国金融业的主体地位。截至 2015 年年底，它们的资产、贷款及存款的市场份额仍高达 70%以上。其中，中国工商银行的经营业绩居首位。

　　国有商业银行作为服务性行业，其服务质量的重要性不言而喻。国内外已有一些关于银行服务质量的相关研究及著作，但基于计量经济分析的国有商业银行服务质量的研究还很少，而且现有的研究也只是停留在服务质量的影响因子上，并没有将服务质量作为前因变量进行深入研究。本书将从国有商业银行服务质量入手，探讨服务质量各因子与顾客满意度和顾客忠诚度的关系，顾客满意度对顾客忠诚度的影响，顾客忠诚度形成过程中对顾客抱怨行为的影响。

　　基于上述研究目的，本书在对以往文献进行整理和总结的基础上，提出国有商业银行零售顾客忠诚度模型、研究框架，并运用 SPSS26.0 和 AMOS13.0 数据分析软件对 721 份有效样本进行因子分析、T 检验分析、相关分析、回归分析，利用结构方程模型检验模型的有效性。

　　根据分析的结果，本书基本验证了研究假设，得到以下主要结论：第一，国有商业银行业服务质量有 6 个因子，即关怀性、保证性、可靠性、有形性、反应性、可接触性。第二，服务质量的 6 个因子中，关怀性、保证性、可靠性及可接触性对顾客满意度有显著的正向影响。第三，在服务质量的 6 个因子中，只有反应性对顾客忠诚度有显著的正向影响。第四，顾客满意度对顾客忠诚度存在显著的正向影响。第五，顾客满意度对顾客抱怨行为不存在显著的影响。第六，顾客抱怨行为对顾客忠诚度存在显著的负向影响。

在结论分析的基础上，本书为国有商业银行的服务提出建议。主要建议如下：首先，银行要明确服务质量可创造顾客价值；其次，提供让顾客满意的服务，获取顾客的满意度和忠诚度；最后，建立快速反应机制，积极解决顾客的问题。

希望本书能够帮助国有商业银行业提高服务质量，提高顾客的满意度，减少顾客的抱怨行为，补救失误，进而培养顾客忠诚度。

目　录

第一章　绪论

第一节　问题提出

一、理论背景

1977年，列尼·休斯坦克撰写了《从产品营销中解放出来》一文，由此拉开了服务营销研究的序幕。以 PZB（Parasuraman, Zeithaml, Berry 三位学者姓名的缩写）为代表的市场营销学者展开了对服务营销理论的研究，他们于1985年分析了服务与有形实物产品的异同及服务的特征。随着服务营销理论的发展，传统的以 4P（产品 Product、价格 Price、渠道 Place、促销 Promotion）为核心的营销组合在服务营销领域变为 3R+4P 的新营销组合，其中 3R 即顾客保留（retention）、相关销售（related sales）和顾客推荐（referrals）。

与传统营销侧重销售产品不同，服务营销管理更注重以顾客忠诚度为衡量标准的市场份额的质量。美国哈佛商业杂志 1991 年发表的一项研究报告指出：再次光临的顾客，可为公司带来 25%～85% 的利润，而吸引他们再来的因素中，首要的就是服务质量。服务营销管理的核心理念是顾客的满意度和忠诚度，通过获得顾客的满意度和忠诚度来促进相互有利的交换，最终获取适当的利润和公司的长远发展。由此可见，在服务产品的经营和管理中，服务产品的特征决定了服务质量在服务型企业中的特殊地位，服务营销的关键在于顾客的满意度和忠诚度。

瑞典学者 Gronroos（1982）首次提出了服务质量的测量模型，将服务质量分为技术质量、功能质量和公司形象。随后，许多学者对服务质量的测量进行了研究。其中，最有名的是 PZB（1988）提出的 SERVQUAL（Service Quality，"服务质量"的缩写）五个维度的测量模型。

综合来说，以往研究将焦点放在服务质量、顾客满意度和行为意愿的总体研究，对服务质量与顾客忠诚度的关系很少进行关注。因此，本书分析顾客忠诚度的具体因子，研究其与服务质量的关系，从更全面和具体的角度研究顾客忠诚度。

二、实践背景

随着中国金融体制改革的逐步深入，尤其是股份制银行在规模、经营产品品种及服务网点等方面得到不断完善，国内商业银行的竞争逐渐加剧。近年来股份制商业银行的发展速度不仅明显超过行业平均水平，而且还超过了国有商业银行的发展速度。股份制商业银行的市场占有率逐步提高，并逐步蚕食国有商业银行的市场份额（中诚信国际，2015）。外资银行的进入，使得商业银行由卖方市场向买方市场转变。国外银行顾客至上的营销理念和长期以来积累的综合服务说明：现代商业银行的核心竞争力在于其经营的顾客满意实现能力。埃森哲咨询公司（2013）曾经对商业银行最有价值的客户进行调查，结果发现：这些顾客最关心的并非是商业银行馈赠的礼物或优惠，而是良好的服务和合适的价格。对商业银行客户流失原因的调查也显示，服务质量不好是客户流失的首要原因。因此，国有商业银行在面临国内新型商业银行和外资商业银行的冲击时，除资金、技术、管理等方面的影响外，提高顾客满意度、忠诚度将是内、外资商业银行竞争的核心之一，也是国有商业银行应对挑战的重要内容。

对于银行服务提供者而言，提供高水平的服务质量将为银行在激烈的市场竞争中获取差异化，赢得机会和优势。另外，高服务质量可能提高顾客满意度和忠诚度，提高顾客向其他人推荐的意愿及现有顾客的保持率（Bitner，1990；PZB，1996）。尤其对于银行业这种服务性行业来说，顾客忠诚度本身就是企业成功的重要标志。银行业顾客保持比率每增长 5%，其利润将增长 85%。

基于实践背景，本书开始思考银行业服务质量的构成因子有哪些？这些因子与顾客满意度和忠诚度之间的关系如何？随着越来越多新型商业银行的发展和取消对外国金融机构人民币业务的地域限制，允许外国银行向所有中国顾客提供服务，国有商业银行零售顾客的保持率是不变还是增加或减少？顾客流失率是否会越来越严重？对现有银行服务满意的顾客未来是否会继续选择该银行为其提供服务？这些顾客是否会向亲朋好友推荐该银行？因此，本书着手研究银行业服务质量与顾客忠诚度的关系，并希望通过对国有商业银行的实证研究，探索出顾客对银行忠诚度衡量模型，以弥补目前国内理论研究的不足，同时也为国有商业银行应对国内外其他银行的挑战提供帮助和实践指导。

第二节　研究意义

中国对服务营销的研究起步较晚，对顾客忠诚度测量的实证研究相对滞后。近年来，随着服务业市场的迅速扩大，服务业市场的竞争日趋激烈，学术界对服务营销也越来越重视，服务营销理论在我国的发展和传播已经有了良好的开端。本书通过对国有商业银行的实证研究，发展了银行业服务质量的测量量表，并对影响顾客忠诚度的各因子进行了探索性分析，试图从更全面和具体的角度对服务质量、顾客满意度、顾客忠诚度以及顾客抱怨行为等因子进行研究。本书将进一步丰富和扩充服务营销理论，以期弥补国内营销理论在这方面的研究空白。

屈云波和程曼丽（1996）的研究发现：一位深为不满的顾客会向其他11人诉说其失落感，而这11人又会再分别告诉其他的5个人，最后听到过此公司不良事迹的潜在顾客人数会呈指数型增加。Reichheld和Sasser（1990）则指出：吸引一个新顾客的成本是维持现有顾客成本的5倍。顾客保持率的小幅提高会带来顾客净现值的明显增长（孙丽辉，2013）。国有商业银行服务质量的好坏，直接关系到国有商业银行的顾客忠诚度，最终导致顾客保持率的上升或下降，顾客流失率的增加或降低，国有商业银行成本和利润的变化。本书对国有商业银行的服务质量与顾客忠诚度的关系进行研究，可促使国有商业银行将更多的注意力放在提高服务质量上，以获取更高的顾客忠诚度，保留现有顾客并争取吸引更多的新顾客。

第三节 研究目的和主要内容

一、研究目的

本书主要通过对国有商业银行现实顾客的研究，来了解顾客使用国有商业银行的满意情况，了解与顾客忠诚度相关的因素，建立一套客观的评价顾客忠诚度的模型，使得国有商业银行经营者能够在资源有限的条件下，提升顾客忠诚度，增强企业竞争力。

本研究的具体目标如下：

（1）了解顾客对国有商业银行服务质量使用前的预期与使用后的感知两者的差异程度、满意程度、顾客抱怨行为及忠诚度等各层面的经验及评价。

（2）探讨影响国有商业银行顾客忠诚度的因素。

（3）建立一套国有商业银行顾客忠诚度模型。

二、主要内容

根据以上研究思路，本书的研究将按下面的步骤展开。

第一章绪论部分，介绍研究问题，提出的理论背景和实践背景，简要介绍本研究意义、目的、内容以及研究的创新，说明本书的研究方法的研究框架和结构。

第二章文献综述。根据第一章提出的研究问题和研究目的，对有关服务质量、顾客满意度、顾客抱怨行为及顾客忠诚度的研究资料、相关理论进行回顾和探讨。

第三章研究设计与变量测量。首先，对服务质量、顾客满意度、顾客抱怨行为及顾客忠诚度四个变量进行可操作化的定义。然后，基于以往文献研究和访谈来确定本研究变量测量专案，并对问卷进行预调研和分析，以对问卷测量项目进行适当的删除和修改，最终确定正式调查研究条件和抽样调查方法。

第四章分析与结果。首先，对整体样本进行描述性统计分析；其次，对各变量进行效度和信度分析；最后，进行相关分析、回归分析及结构方程模型，研究顾客忠诚度模型中各变量之间的关系，验证研究假设。

第五章结论与展望。首先阐述和解释第四章研究所得结论的合理性并对其进行讨论。然后对本研究结论进行总结，指出研究结论对国有商业银行的启示和实践指导，并指出本研究存在的局限和不足。最后提出今后需进一步研究的方向。

全书的研究思路和研究框架如图1.1所示。

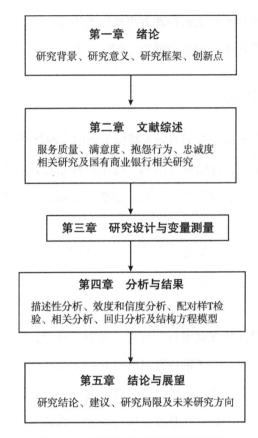

图 1.1 本书的研究思路和研究框架

第四节 研究创新

以往学者对国有商业银行的研究主要集中在顾客感知价值方面，而从综合的角度对国有商业银行服务质量和满意度、顾客抱怨行为与顾客忠诚度的关系的研究还很少。国外在这方面的经典文献不多，而国内在该领域的经典研究文献就更少。在这样的背景下，本书通过实证调查，深入研究了国有商业银行环境下服务质量、满意度、顾客抱怨行为与顾客忠诚度的关系。本书的主要创新点如下：

第一，综合研究服务质量、满意度、顾客抱怨行为与忠诚度的关系。以往在国有商业银行领域有关服务质量的研究也有，但将影响顾客忠诚度的各因子结合起来的研究在国内还很少见。

第二，考虑到国有商业银行的特性，本研究在对国有商业银行服务质量进行衡量时，在经典的 PZB 服务质量五维度基础上加了一个"可接触性"维度，并在后面的实证研究中证实了这个维度的存在可行性。

第五节　本章小结

本章就本书的研究背景和意义、研究的内容框架等进行了概述，主要有以下几点：

国内商业银行的竞争逐渐加剧，使得商业银行由卖方市场向买方市场转变。对于国有商业银行服务而言，提供高水平的服务质量将为银行在激烈的市场竞争中获取服务的差异化，赢得机会。同时，银行服务质量的好坏，最终导致顾客保持率的上升或下降，顾客流失率的增加或降低以及国有商业银行成本和利润的变化。

本研究的意义主要体现在：对国有商业银行的顾客忠诚度进行研究，可促使国有商业银行将更多的力量放在提高服务质量，以获取更高的顾客忠诚度，吸引更多的新顾客。

本书的主要目标是探讨影响国有商业银行顾客忠诚度的因素，并建立一套国有商业银行顾客忠诚度模型。

第二章　文献综述

第一节　服务质量

一、服务质量的定义

20 世纪 80 年代关于服务质量的研究得到众多学者的关注，学者们对服务质量的维度方面进行了大量的探讨和研究。

Levitt（1972）认为服务质量（service quality）指服务结果能符合所设定的标准。Sasser 和 Olsen（1978）认为可以用材料、设备和人员三个要素来定义服务质量。暗示了服务质量不仅包括最后的结果，还包括提供服务的方式。他们也认为服务水平和服务质量有相似部分，服务水平就是所提供的服务给顾客带来的外在及隐含利益的程度，可将其分为期望服务水平与认知服务水平。

Gronroos（1982）提出了感知服务质量的概念，认为服务质量产生于服务期望与感知服务绩效之间的比较。Lewis 和 Booms（1983）研究指出，服务质量指的是"传递的服务"与"期望的服务"之间的吻合程度，也就是两者之间需具有一致性。顾客对服务质量好坏的感知，通常来自于顾客本身所"期望"（expected）得到的服务与其实际上所"感知"（perceived）到的服务两者之间的比较。比较的结果，当所感知的减去所期望的差距大于零时，顾客得到的是理想的服务质量或满意的服务质量（Parasuraman，Zeithaml，Berry，1985）。

Farsad Elshennawy（1989）则提出服务质量是一致地符合顾客期望的程度。Parasuraman、Zeithaml 和 Berry 于 1991 年指出服务质量基本上是顾客在心理层面的一种评价，它为顾客本身所期盼获得的与实际获得的服务水平做比较之后的衡量差距；此想法指出服务质量是由顾客来衡量的，而且顾客是以期望获得的服务比实际上获得的服务来衡量。

而 Stewart、Hope 和 Muhlemann（1998）以服务的主体和过程来将服务质量加以区分，前者在服务传递后评估，后者在服务传递中评估。如此一来，服务质量即可分为来自服务的收获或服务产出的"技术性服务质量"和表示服务提供态度或服务流程的"功能性服务质量"两种。Gronroos（1982）指出技术性服务质量比较容易复制，而功能性服务质量则通常要通过员工与顾客之间的关系创造出竞争优势。换句话说，服务质量可以分为过程质量（process quality）和结果质量（outcome quality）。过程质量是指顾客在接受服务的过程中所判定的服务水平，它是顾客的主观看法；而结果质量则是顾客对服务结果的具体测量（Lehtinen，1983）。诸多专家学者关于服务质量的定义见表 2.1。

表 2.1　服务质量的定义

学者	定义
Levitt（1972）	服务质量是指服务结果能符合所设定的标准
Mayner（1976）	服务质量是消费者主观的态度反应，不能根据实体物品的特性与以量化衡量
Gronroos（1982）	服务质量产生于服务期望与感知服务绩效之间的比较

续表

学者	定义
Sasser、Olsen（1978）	服务质量不仅包括最后的结果，还包括提供服务的方式。也认为服务水平和服务质量有相似的概念，服务水平就是所提供的服务给顾客带来的外在隐含利益的程度，并且可将其分为期望服务水平与认知服务水平
Lewis、Booms（1983）	服务质量指的是"传递的服务"与"期望的服务"之间的吻合程度，也就是两者之间需具有一致性
Farsad、Elshennawy（1989）	服务质量是一致地符合顾客期望的程度
Parasuraman、Zeithaml、Berry（1991）	顾客对服务质量好坏的感知，通常来自于顾客本身所期望得到的服务与其实际上所感受到的服务两者之间的比较，即服务质量=实际感受的服务质量−期望服务质量
Bolton、Drew（1991）	服务质量是顾客对消费后是否愿意再次购买的整体态度
Cronin、Taylor（1992）	服务质量应由服务执行绩效衡量，不需要与期望服务水平比较，即服务质量=实际感受到的服务质量（感知服务质量）
Stewart、Hope、Muhlemann（1998）	以服务的主体和过程来将服务质量加以区分，前者在服务传递后评估，后者在服务传递中评估
Philip Kotler（2003）	相对于顾客的期望值而言，所提供服务处在一个较高的水平

虽然学者们对于服务质量的定义并不相同，但差异不是很大，其中最重要的共同点是：顾客是服务质量的唯一评价者。Parasuraman、Zeithaml 和 Berry（1985）归纳了服务质量的重要特征：一是对消费者而言，服务质量比产品质量要难以评估。二是消费者对服务质量的感知是通过比较消费者的期望与实际服务绩效所决定的。三是质量的评估不是单由服务的产出来判断，实际上还应该考虑服务的传递过程。

综合学者们对服务质量的定义，本书认为服务质量是指顾客在接受服务之后，对于期望的服务与实际感知的服务的差距予以主观判断的结果。

二、服务质量的维度

对于服务质量的衡量维度，学者们提出了各自的看法，现将部分学者的观点整理如下（表2.2）。

表2.2　服务质量维度的整理

学者	因子	定义和描述
Sasser、Olsen、Wyckoff（1978）	安全性	顾客对服务传递系统的信任程度
	一致性	服务应该是一致而且标准化的
	态度	服务人员对待顾客应该是亲切的和礼貌的
	完整性	服务设备是否齐全完整
	调整性	服务提供者能依照顾客不同的需求做出调整
	方便性	顾客接受服务的方便程度
	时效性	服务提供者能在顾客期望的时间内完成服务
Gronroos（1984）	技术质量	顾客从实际服务中获得什么
	功能质量	顾客如何获得服务质量
Parasuraman、Zeithaml、Berry（1988）	有形性	实体的设施、设备及员工的仪表
	可靠性	服务质量是否维持一致而精确的水平
	反应性	服务人员对顾客的要求与问题能否迅速的响应，并予以满足
	保证性	服务人员所具备的知识与礼貌及其所具备的能力，能否传达信任
	关怀性	关怀顾客，并给顾客个性化的照顾
Lehtinen（1991）	过程质量	顾客参与服务创造过程时对质量的评价
	产出品质	顾客对于服务创造过程中产生结果的评价

续表

学者	因子	定义和描述
Rust、Oliver（1994）	服务产品	具体服务的内容
	服务传递	服务的提供方式和过程
	服务环境	服务交易的环境，包括氛围与实体设施
Brady、Cronin（2001）	交互品质	在服务传递过程中，顾客对与服务人员交互的感知
	环境质量	顾客对于实体设施或者建筑环境的评价
	结果质量	表现了服务行为的结果

在关于服务质量维度的众多研究中，以下两位学者的观点比较具有代表性。

Gronroos（1982）将服务质量分为技术质量、功能质量和企业形象三个维度，1984 年他进一步研究，认为企业形象对于技术质量和功能质量有过滤作用，因此服务质量包含技术质量和功能质量两个因子。技术质量是指服务人员在服务中所提供的东西，是顾客得到了什么，也叫作结果质量。功能质量则是服务人员是如何提供服务的，顾客是如何得到服务的，牵涉到服务人员与顾客之间的互动，也叫做过程质量。

Parasuraman、Zeithaml 和 Berry（1985）认为服务质量包含十个维度，这十个维度影响顾客对服务质量的感知。分别是：可靠性（reliability）、反应性（responsiveness）、能力（competence）、易接近性（access）、礼貌（courtesy）、沟通（communication）、可信性（credibility）、安全性（security）、理解（understand）、有形性（tangibles）。Parasuraman、Zeithaml 和 Berry（1988）把十个维度中相关性强的进行了合并，将能力、礼貌、可信性、安全性合并为保证性，将易接触性、沟通和理解合并为关怀性，得到服务质量的五个维度，即可靠性、反应性、保证性、关怀性及有形性。

三、服务质量的模型

研究以往有关服务质量模型的文献，研究成果中主要有以下四种模型：两因子模型（Gronroos，1984），三因子模型（Gronroos，1982；Rust，Oliver，1994；Brady，Cronin，2001），四因子模型（Yong，Donna，2005）和五因子模型（Parasuraman，Zeithaml，Berry）等，现将有代表性的模型简要介绍如下。

Gronroos（1982）提出了服务质量的三因子模型。他认为总的服务质量（total service quality）由企业形象（corporate image）、技术质量（technical quality）和功能质量（functional quality）共同构成。1984年他对其三因子模型进行了修正，并在顾客认知失调的基础上提出了总的感知质量模型。他认为服务质量包括技术质量和功能质量，企业形象对于技术质量和功能质量有过滤作用。如果在顾客的心目中，企业是优秀的，企业形象良好，那么即使企业服务的过程中出现一些小的失误，顾客也会予以谅解的；反之如果企业的形象很糟，那么服务失误对顾客感知服务质量的影响就会很大。

Parasuraman、Zeithaml和Berry（1985）三位教授利用探索性研究，针对银行业、信用卡公司、证券经纪商与产品维修等四种服务行业，进行对消费者的访问和对管理者的深度访谈，发现服务质量在管理者的认知及服务传递给顾客的过程中，存在着缺口，而这些缺口成为企业给顾客提供高质量服务的障碍。因此他们发展出了一套"服务质量概念性模式"，简称为"PZB模式"（图2.1）。

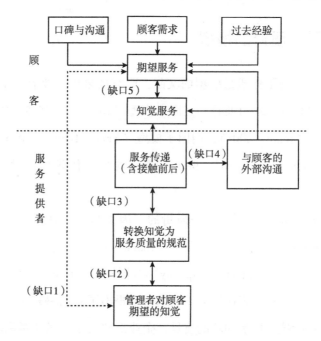

图 2.1 服务质量概念性模式

资料来源：Parasuraman A，Zeithaml V A，Berry L. A conceptual model of service quality and its implications for future research [J]. Journal of Marketing，1985，49（4）：41-50.

在此服务质量模式中有五个缺口，是影响服务质量的主要因素，而在这五个缺口中，前四个缺口是企业提供服务质量的主要障碍，第五个缺口是由顾客认知与期望所形成的。现分别对这五个缺口进行说明。

缺口 1：顾客期望与管理者感知之间的缺口。导致这一缺口的原因可能是由于管理者不了解顾客的期望或低估了顾客对服务的期望。

缺口 2：管理者感知与服务质量标准间的缺口。导致这个缺口的原因可能是资源的缺乏、市场的限制，也可能是管理层未能选择正确的服务设计和标准。

缺口 3：服务质量标准和服务传递间的缺口。导致这一缺口的原因可能是员工没有按照标准提供服务。

缺口4：实际传递的服务与外部沟通之间的缺口。产生该缺口的原因是服务绩效和服务承诺不相匹配。例如，企业在与顾客沟通的过程中做出了过度的承诺。

缺口5：它是模型的核心，顾客期望服务和认知的服务之间的缺口。此缺口是消费者对服务的期望与实际接受服务后感知的差异。期望的服务是顾客在一次服务体验中的参考点；认知的服务是对接受的服务的实际反映。它取决于服务传递过程中相关的其他4个差距的大小和方向，即缺口5 =f（缺口1，缺口2，缺口3，缺口4）。

由以上的模式可知，要达到使顾客满意的服务质量，必须缩小缺口5，因为顾客对服务的期望和认知间的差距，决定了顾客对服务质量满意的程度。此外，Parasuraman、Zeithaml 和 Berry（1985）将缺口5独立出来，单独的从顾客期望的服务和感知的服务间的差距来衡量顾客知觉的服务质量，并且归纳出十个影响服务质量的决定因素。这十个服务质量要素与 PZB 模式相结合进而发展出服务质量决定因素，如图2.2所示。

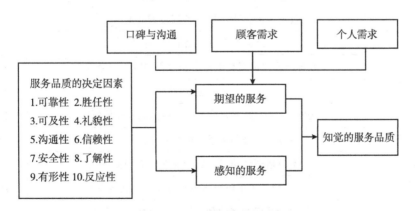

图2.2 服务质量的决定因素

资料来源：Parasuraman A, Zeithaml V A, Berry L. A conceptual model of service quality and its implications for future research [J]. Journal of Marketing, 1985, 49（4）：41-50.

经过进一步研究，1988 年，PZB 通过进一步的实证研究，最后得到一个由 5 个因子、22 个测量量表所构成的模型，如表 2.3 所示。

表 2.3　SERVQUAL 测量量表

因数	因子对应的测量量表	序号
有形性	公司应该拥有先进的设备	1
	公司的物理设施应该有明显的吸引力	2
	公司的员工应穿着得体、整洁	3
	公司的物理设施应该与提供的服务相匹配	4
可靠性	公司对所做的承诺应该及时完成	5
	顾客遇到问题时，公司表现出同情和诚挚的态度去解决	6
	公司应该是可靠的	7
	公司应在承诺的时间提供服务	8
	公司应记录准确	9
反应性	不能指望公司告诉您提供服务的确切时间※	10
	希望公司提供快速的服务是不现实的※	11
	公司的员工并不总是乐于帮助顾客※	12
	公司因太忙而不能立即回答顾客的请求※	13
保证性	公司员工应该是值得信任的	14
	顾客与公司员工在业务交易过程中觉得安全放心	15
	员工应有礼貌	16
	公司应给予员工充分支持，使他们工作得更好	17
关怀性	不应指望公司给予不同顾客个别的服务※	18
	不应指望公司员工给予顾客个别的关心※	19
	期望员工了解顾客的需要是不现实的※	20
	期望公司把顾客的利益放在心上是不现实的※	21
	不应指望公司的营业时间对所有的顾客都便利※	22

※：代表该指标为反向指标，其对应的问题为反向问题。

资料来源：Parasurman A, Zeithaml V A. SERVQUAL: A multiple-item scale for measuring consumer perceptions of service quality [J]. Journal of Retailing, 1988, 64 (1): 12-44.

精简后的 5 个因子含义如下：

（1）有形性（tangible），指服务产品的有形部分，如物理设施、设备、服务人员的仪表外观。

（2）可靠性（reliability），准确可靠地执行所承诺服务的能力。

（3）反应性（responsiveness），指服务人员愿意帮助顾客和为顾客提供快速的服务。

（4）保证性（assurance），指员工的知识和礼貌以及能使顾客信任的能力。

（5）关怀性（empathy），指给予顾客的关心和个性化的服务。

PZB（1988）指出 SERVQUAL 测量模型用于对服务质量趋势进行定期跟踪上最具有价值，并且使用时可以和其他的模型相结合。SERVQUAL 测量模型可广泛用于某一特定组织特殊需求的研究。

多数学者认同了 PZB 在其 1994 年的文章中提出的观点：针对不同的行业和领域，需要在一定程度上对原有的 SERVOUAL 方法中的因子和变量做出一定的修改，以适应不同行业和领域的需要。Sureschander 等（2001）指出：有很好的证据证明 SERVQUAL 原始的 22 个测量项目作为一个整体，是测量服务质量的良好预测器（predictors）。不可否认，作为一种快速、有效而经济的评价工具，SERVQUAL 在测量服务质量这一领域中占有重要地位。

第二节　顾客满意度

一、顾客满意度的定义

顾客满意度的概念最早是由 Cardozo（1965）提出，他指出顾客满意度会增加再次购买的概率，且会购买其他产品。自此展开了对顾客满意度这一领域的研究，本研究将各学者对顾客满意度的定义归纳整理为表 2.4。

表 2.4　学者对顾客满意度定义的整理

学者	定义
Oliver（1981）	顾客满意程度是对事物的一种情绪上的反应，这种反应主要来自于顾客在购买经验中所获得的惊喜
Woodruff（1983）	顾客满意度是在特定情境下，对使用产品或消费服务后所获得价值的程度，做出一种立即性的情绪反应
Cadotte 等（1987）	他认为顾客在购买前的所有消费经验会建立一种比较的标准。在购买后，顾客会以产品的实际绩效与上述标准比较，产生正向或负向的失验，进而影响顾客的满意程度，即顾客满意是一种理性的知觉评价过程
Woodside、Daly（1989）	顾客满意度为一种消费态度的形成，且是一种购后评估，反映出消费者在体验后喜欢或不喜欢的程度，同时，顾客满意程度也是一种以经验为基础的整体性态度
Fornell（1992）	提出满意度是指可直接评估的整体感觉，顾客会将产品或服务与其理想标准做比较，因此顾客可能原本对产品或服务满意，但与原预期比较之后，又认为产品是普通的
Anderson 等（1994）	顾客满意程度是顾客对某一特定购买场合或时间的购后评估，可提供对特定商品或服务之绩效的诊断信息
Davis、Heineke（1994）	满意度可以定义为预期感知比较差距的函数和感知的函数
Kotler（1996）	顾客满意程度是来自于对产品的功能特性的知觉与个人对产品的期望，两者比较后形成感觉愉悦或失望的程度，且满意度是所知觉的功能与期望两者之间差异的函数
Wong（2000）	顾客的整体满意是情绪上的一种感觉状况，其评价程度高低，则受使用效果的影响
Baloglu（2002）	满意度主要是顾客消费后的一种情感反应

归纳起来，已有文献对顾客满意度定义的论述主要可以分为两个角度：其一是以范畴来界定，可以分为特定交易观点和累积观点；其二是以性质来界定，可以分为认知观点和情感观点。

特定交易观点认为，顾客满意度是顾客在特定使用情境下，对于使用产品或服务所获得价值的一种立即性的反应。顾客在购买某一产品或服务之后对产品或服务的满意度，是顾客在短期内对自己的满意程度做出的判断。从特定交易满意度（transaction-specific：encounter-specific satisfaction）的观点来看，顾客满意度反映了顾客对特定产品或服务绩效进行评估的结果，因此，可以被看作特定购买场合或时机的满意情况。

累积观点认为，顾客满意度是顾客在某些消费经验之后对某一产品或服务喜欢或者不喜欢的程度，是一个以累积经验为基础的整体性态度。从累积满意度（accumulated or summary satisfaction）的观点来看，顾客满意度是顾客总结对产品或服务的所有购买与使用经验给出的整体评价。累积顾客满意度是特定交易满意度在时间上累积的结果，累积顾客满意度的平均值可以作为一个基本指针，用来显示企业过去、现在及将来的绩效。

认知观点认为，顾客满意度是顾客对其付出成本与获得收益的一种认知状态，包含评价与比较两种成分。从认知满意度（cognitive satisfaction）的观点来看，满意度反映出顾客将其感知的产品或服务的实际绩效与某一标准进行比较的结果，可以理解为预期和实际绩效的函数，是在购买前预期下对产品或服务的购后评估。

情感观点认为，顾客满意度是顾客对产品或服务的一种暂时性、情绪性的反应，顾客在主观上产生好感，便会感到满意。从情感满意度（emotional satisfaction）的观点来看，顾客使用情绪性的词语或句子，来描述对产品或服务的感觉，以表明自己的满意程度。也就是说，顾客满意度是一种来自消费者体验的心理反应。

目前，学术界较为公认的顾客满意度定义是由 Oliver（1996）提出的。Oliver 认为，顾客满意度是顾客需要得到满足后的一种心理反应，是顾客对产品和服务的性能或产品和服务本身满足自己需要程度的一种判断。

二、顾客满意理论

（一）传统顾客满意理论

现有学者评价顾客满意度一般都是从整体对顾客满意度做出评价，现实中总是存在总体顾客满意水平无法为企业改进决策提供有效信息的情况。因为，即使顾客之间对产品或服务的整体满意度水平基本相同，一些顾客对某种指标满意，而另外一些顾客可能感到最不满意，导致企业在做出具体决策时无所适从。

传统顾客满意理论认为，对某些指标的持续改进过程，必然伴随着顾客由不满意到满意的逐渐过渡。事实上，当顾客对一种产品或服务的各项指标都感到满意时，对这项产品或服务整体满意度的感觉却可能很一般，处在既没有不满意也没有满意的尴尬状态（马力，齐善鸿，2015）。

（二）双因子的顾客满意理论

Swan 和 Combs 在 1976 年（Chowdhary，Prakash，2005）提出：顾客仅仅依据有限的产品属性对产品进行评价，其中一些属性对顾客满意度的决定非常重要；另一些属性在决定顾客满意上并不重要，但和顾客的不满意相关，当这些属性的绩效不好时，顾客会不满意。Caddote 和 Turgeon（1988）、Robert（1995）（Chowdhary，Prakash，2005）的研究发现：一些变量会引起消费者的不满意，当这些变量的绩效没有达到消费者期望的特征时，会导致他们的不满，继而导致顾客抱怨行为。因此，不满意（dissatisfiers）的因素是产品绩效的必要而非充分条件。他们又识别了一些满意因素的存在，当这些因素的绩效良好时，会导致顾客的赞美行为；但是，他们的缺少并不会导致不满意。

白长虹和刘炽（2012）提出，从实践角度来看，顾客满意可以分为由低到高三个层次。

第一层次："没有不满意"的底线边缘状态。在这一状态中，顾客没有提出抱怨和表现不满意的情绪。

第二层次："没有满意—没有不满意"的中性状态。在这一状态中，顾客在消费中的情绪趋于活跃，但并没有表现出很积极的满意情感。

第三层次："满意"的激昂状态。在这一状态中，顾客对产品与服务的满意感强烈，评价非常积极，并带有情感性的表达。

双因子理论将各项绩效指标分解为基本因子、绩效因子和激励因子三类（张大亮，2010）。基本因子是指服务水平没有达到顾客期望时会产生不满意，但达到或超出后也不会增加顾客满意的指标。它的判别标准是基本满意同很满意的顾客评价百分比差异不大，而不满意顾客的百分比与前两者差别较大。绩效因子指当前顾客很满意时会获得奖励，若不满意时会受到惩罚，大多数顾客行为均属此类。其判别标准是不满意、基本满意和很满意的顾客百分比都不同。激励因子指顾客如果没有感到很满意，不会导致惩罚，但顾客一旦很满意则会增加价值。其判别标准是不满意和基本满意的顾客百分比差异不大，但很满意的顾客百分比与前两者差异较大。Chowdhary 和 Prakash（2005）将双因子描述为优势因子（vantage factors）和具有资格的因子（qualifying factors）。优势因子在顾客对产品/服务进行总体评价时占统治地位；而具有资格的因子是一项产品及服务必须具备的，具备它们并不会提高顾客对产品/服务的整体评价，但缺少时会导致顾客的不满意。

（三）顾客满意的主要测量模式

自 Cardozo 于 1965 年将顾客满意的概念引入营销领域后，国外学者对顾客满意提出了多种测量模式，中国学者在借鉴国外研究成果的基础上也提出了相应的顾客满意测量模型（李倩，钟胜，2015）。顾客满意测量的作用在于通过有效地使用顾客满意测量模型，可以为企业提供实时、间接的顾客偏爱和期望的回馈信息，从而使企业可以更好地实施以"顾客为导向"的市场战略（Mihelis 等，2011）。

因而，本书对学者提出的顾客满意测量模型进行了梳理和分析，总结了以下六个主要测量模型。

1. 满意度测量的"期望不一致模型"（disconfirmation of expectations）

满意度测量的期望不一致模型源于美国营销学者 Oliver 于 1980 年提出的期望不一致模型。该模型对顾客满意心理过程的形成做出解释：顾客在购买之前先根据过去的经历、广告宣传等途径，形成对产品或服务特征的期望，然后在随后的购买和试用中感受产品和服务的绩效水平，最后将感受到的产品（或服务）绩效与期望进行比较判断。当感知绩效符合顾客期望，顾客既不会满意也不会不满意；当感知绩效超过顾客的期望（积极的不一致），顾客就会满意；当感知绩效低于顾客的期望（消极的不一致），顾客就会不满意（Anderson，Sullivan，1993）。

Olive 于 1993 年对"期望不一致"模型进行了修改，如图 2.3 所示。

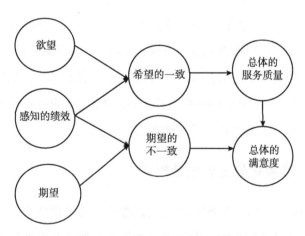

图 2.3　"期望不一致"模型

资料来源：Oliver R L. Cognitive affective and attribute base of satisfaction response [J]. Journal of Consumer Research，1993（20）.

期望不一致模型是目前学术界应用最广的顾客满意测量模式（Day，1977；Oliver，Swan，1989），而且几乎在所有类型的企业中都被用来测量顾客满意度（James，1991）。Chen（2006）采用期望不一致模型对台湾借贷市场的顾客满意度研究发现，顾客的期望和绩效呈正相关关系，期望并不直接导致不一致而是通过绩效对不一致产生影响，最后对顾客满意度产生影响。

然而，必须指出的是：该模型自身存在严重的缺陷，使得人们对它的效度产生怀疑。这些缺陷主要表现在以下几个方面。

第一，期望不一致模型中顾客"期望"（expectation）在评价中采用的类型问题（Sachdev，Verma，2002）。Oliver 在提出期望不一致模型时把"期望"定义为"对事件发生可能性的判断加上对该事件的评价"，这种对期望的定义方式引起了学者们的争论。Miller（1977）（Santos，Boote，2000）提出期望有四种类型。①理想的（ideal）：希望的绩效水平是被调查者感觉绩效会是什么样的水平；②预期的（expected）：基于过去的平均绩效，是被调查者感觉绩效可能是什么样的水平；③应该的（deserved）：基于被调查者时间和金钱的投入，是被调查者依照他（她）的成本感觉应该是什么样的水平；④最小可忍受的（minimum tolerable）：最低可接受的绩效水平，"比什么都没有好"，是被调查者认为最差必须达到的绩效水平。Miller（1977）还指出，不同类型的期望对顾客满意度有不同的影响。Gilly（1983）的研究也表明，不一致、质量和满意度之间的关系随着不同的期望类型而发生变化（转引自：严浩仁，贾生华，2004）。Spreng、Mackenzie 和 Olshavsky（1996）认为，Oliver 的这个定义混杂了预测性期望（predictive expectation）和判断（judgment）两种类型。Woodruff（1983）提出：制约期望不一致模型的一个最大的问题在于受试者可能对期望有多种理解方式，因而在判断期望时可能混杂了其他的比较标准。

第二，期望在顾客满意判断过程中的作用问题。期望在顾客满意判断中的作用值得质疑。期望不一致模型的基本假设是消费者必须有购买前的期望。但是，真实情况并非都是如此。顾客对某些产品和服务（特别是服务）由于缺乏必要的体验和知识难以预见其实际绩效，即难以形成期望；有时购买前缺少信息使消费者形成非常少的期望；顾客不会对某些属性形成期望（如餐馆的地理位置），但这些属性却能影响顾客的满意度（董大海，汪克艳，2014）。

满足期望的顾客不一定会满意。美国学者 Latour（1979）指出：期望不一致模型往往无法解释顾客满意感的形成过程。例如，当顾客无法购买到自己最喜爱的产品或服务时，不得不购买其他产品或服务。虽然顾客觉得产品或服务的实际绩效符合或超过了自己的期望，消费者仍然不会满意。

没有满足期望的顾客也不一定就不满意。学者 Hughes（1981）在一次针对旅游者的实证研究中发现：即使绩效没有满足旅游者的期望，仍然有相当一部分的旅游者很满意。

2. 满意测量的"重要性-感知绩效模型"

鉴于期望不一致模型的缺陷，许多学者质疑期望不一致理论在衡量顾客满意度上的有效性，指出感知绩效可能是更好的测量变量。由于感知绩效是消费经验的主要特征，因此感知绩效能更直接、典型地反映顾客的认知过程。

在该模型中，消费者对产品（或服务）绩效的感知是消费者满意度的主要测量变量，他们的期望对消费者满意度也有积极的影响（图2.4）。

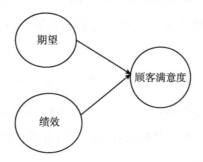

图2.4 "感知绩效"的顾客满意度测量模型

资料来源：徐金灿. 消费者满意度研究综述［J］. 心理学动态，2010（3）.

这里的绩效是相对于他们支付的货币成本而言，消费者所感知的产品（或服务）的质量水平。相对于投入来说，这种产品或服务越能满足消费者的需要，消费者就会对他们的选择越满意（Tse，Wilton，1988）。

绩效和期望对满意度的作用大小取决于它们在该结构中的相对强。相对于期望而言，绩效信息越强、越突出，那么所感受到的产品绩效对顾客满意度的积极影响就越大；绩效的信息越弱、越含糊，那么期望对顾客满意度的效应就越大。一般来说，服务的绩效信息要比产品的绩效信息弱（徐金灿，1998）。

Martilla 和 James 于 1977 年（Yuan 和 Jovan，2006）提出了"重要性-感知绩效"分析模型。模型的纵轴表示顾客感知服务的重要性程度，横轴表示顾客感知服务的绩效。整个模型分为四个区域，其分析模型如图 2.5 所示。

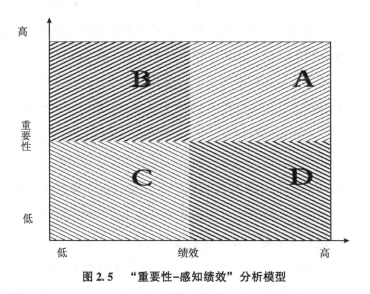

图 2.5　"重要性-感知绩效"分析模型

资料来源：Yuan C H，Jovan J H. Using importance-performance analysis in evaluating Taiwan medium and long distance national highway passenger transportation service quality [J]. Journal of American Academy of Business，2006：98-104.

图中 A 区表示：分布在这个区域的指标对顾客来说非常重要，属于关键性因素；同时，顾客对这些指标的感知绩效非常高。因此，顾客感知的满意度也非常高。企业应该继续保持这些指标的优点。

B 区表示：分布在这个区域的指标对顾客来说非常重要，但是，当前企业在这些方面的表现比较差。因此，顾客满意度评价较低。企业需要迅速加强这些指标的绩效。

C 区表示：分布在这个区域的指标对顾客来说不是很重要，而顾客的满意度评价也较低。企业可考虑停止或降低分布在这些指标上的资源。

D 区表示：分布在这个区域的指标对顾客来说不是很重要，但企业目前在这些方面的表现好。因此顾客的满意度评价是较高的。企业资源紧张时，可以考虑重新分配资源，将分配在这个区域中的一部分资源分配给 B 区域。

"重要性–感知绩效"模型是一种偏于定性研究的诊断模型，它列出企业产品和服务的主要指标，每个指标都有重要性和企业在该指标上的绩效这样两个属性。Yuan 和 Jovan（2006）使用"重要性–感知绩效"模型对台湾中长途距离的旅客感知服务质量的重要程度及感知绩效进行分析，研究结果将中长途距离的旅客感知服务质量的 22 个测量项目分别归入 4 个区域中，并对中长途运输企业提出实践指导意义。

通过该分析模型，可对企业目前的顾客满意度进行诊断，寻找企业产品和服务的优势与不足（刘金兰等，2014）。但是，这个模型也存在着一定的缺陷，如如何评价各个指标对于顾客的重要性及感知绩效的测量问题。因为测量值是一个绝对的分值（如 7 点量表中的 5 分），而不是像期望不一致模型那样的差值（比期望好多少或差多少），因而难以判断顾客的满意程度到底有多高，批评者认为感知绩效模型在对企业事件的指导意义上有所欠缺付慧（2016）。

3. 满意测量的"顾客消费经历比较模型"

Woodruff, Cadotte 和 Jenkins（1983）认为顾客会根据以往的消费经历，

逐步形成三类期望：①对最佳的同类产品或服务绩效的期望。它是指顾客根据自己消费过的最佳产品或服务，预计自己即将消费的产品或服务的实绩。②对一般的同类产品或服务实绩的期望。它是指顾客根据自己消费过的一般的同类产品或服务，预计自己即将消费的产品或服务的实绩；③对本企业产品或服务正常实绩的期望。它是指顾客根据自己在本企业的一般消费经历，预计自己即将消费的产品或服务的实绩。这类期望与期望不一致模型中的期望相似。

根据"顾客消费经历比较模型"，顾客在本企业与同类企业的消费经历都会影响顾客的期望与绩效的比较过程。但是这个模型也有缺陷：①如果目前最佳的同类产品或服务不能充分满足顾客的需要。那么，顾客消费最佳同类产品或服务之后，也不会感到非常满意；②顾客消费新产品或新服务之前，很难根据自己以往消费经历形成期望，也就很难对绩效和期望进行比较；③不同的顾客有不同的需要，对同一企业的产品和服务绩效会有不同的要求，对不同企业的产品和服务实绩也会有不同的要求。

4. 满意测量的"需要不一致模型"

满意测量的需要不一致模型的理论基础是美国学者 Westbrook（1983）提出的"顾客需要满足程度模型"。该模型也是针对期望不一致模型的缺陷提出来的。该模型认为，顾客满意是一种喜悦的心理状态，这种心理状态源于顾客通过某一产品、服务或消费行为等满足其需要所产生的结果；相反，顾客不满意是一种不愉快的心理状态，这种心理状态是源于顾客没有从产品、服务或消费行为中实现其需要的满足。因而，Westbrook 断言："顾客满意是顾客通过他们对产品、服务或消费行为的感受与其需要的比较所产生的心理情感状态。"顾客感觉产品或服务绩效越能够满足需要，两者之间的比较过程就越积极，顾客就越容易产生满意感；相反，顾客感觉产品或服务绩效越不能满足需要，两者之间的比较过程就越消极，顾客就越容易产生不满情绪。

然而，Westbrook 的实证研究结果并不支持他们提出的"顾客需要满足程度会直接影响顾客满意程度"的假设。但是他们指出："可能是研究程序和研究方法上的错误导致了这样的结果"。

5. 满意测量的"公平模型"

公平理论是满意理论借鉴了人际关系学和心理学的相关理论发展起来的。Walster 等（1978）和陈明亮（2013）提出，公平理论的两个前提是：①个人在交易过程中寻求自己的投入产出比的最大化；②个人感觉到他们能通过公平的行为最大化他们的结果。公平理论的主要观点是：消费者对公平的感知不仅取决于消费者自身的投入产出比，也受到其他相关人员和群体（主要有其他消费者、销售人员、销售机构）投入产出比的影响。当消费者的公平比率大于其他相对照的人员或群体所获得的比率时，消费者就会产生满意感（Oliver, Swan, 1989）。

实际上，公平理论可以概括成两个操作化的公式（Oliver, Swan, 1989）［式（2-1）和式（2-2）］：

满意＝消费者的产出/投入 （2-1）

满意＝（消费者的产出-投入）-（相关群体的产出-投入） （2-2）

公平和满意之间的积极关系被很多研究所支持。Fisk、Yong（1985）在实验研究中发现不公平的等待时间和价格都导致了不满意。Oliver 和 Swan（1989）比较了用以测量顾客满意的感知公平模型和期望不一致模型。他们通过上述两个稍微有差别的公平公式来测量顾客满意度。他们认为公平对满意度将会产生补充性的影响，有必要同时研究公平和不一致。

6. 满意测量的"个人差异模型"

与大多数学者从企业角度来研究顾客满意度不同，学者 Jayanti 和 Jackson 从另外一个角度，即顾客的自身差异角度，来研究顾客满意度的形成。他们于 1991 年引入了个人差异模型以解释服务满意度的形成过程。

个人差异模型认为，对于那些需要消费者提供重要输入（这种输入常常是以消费者提供信息的形式）的服务，个人差异对满意度的判断起着主要的作用。Jayanti 和 Jackson（1991）提出了三个主要可能对满意度施加影响的个人差异变量：感知风险（perceived risk）、参与（involvement）及创新精神（innovativeness）。

在对理发业的经验研究中，Jayanti 和 Jackson（1991）比较了期望不一致模型、感知绩效模型和个人差异模型。实验结果显示，个人差异模型与整体满意度存在更高的相关度。因此，他们认为对于一些需要顾客高参与的服务，个人差异模型比期望不一致模型和感知绩效模型更能解释满意判断的差异，其次是期望不一致差异模型。

三、顾客满意度的指数

顾客满意度指数是 20 世纪 90 年代初的产物，主要的指数有 1989 年的瑞典顾客满意度指数（Swedish customer satisfaction index，SCSI）、1994 年的美国顾客满意度指数（American customer satisfaction index，ACSI）与 1998 年的欧洲顾客满意度指数（European customer satisfaction index，ECSI）。

（一）瑞典模式

Fornell（1992）以 1989—1991 年瑞典全国满意度调查为例，建立了一套具有系统性和长期性的"全国性顾客满意度指标"（A National Customer Satisfaction：The Swedish Experience），又简称为瑞典模式。整体模式如图 2.6 所示。

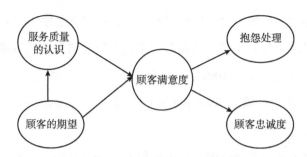

图 2.6 瑞典顾客满意度指标

Fornell 选择占瑞典经济产值 70%的产业作为产业调查对象，另外在各产业中选择销售额占 70%的企业，作为企业调查对象。该研究采用电话访谈的方式，采用全国性随机抽样方式来选取受访者，但受访者必须消费过所调查企业的产品。

（二）美国模式

美国模式是 1994 年由美国密歇根大学商学院国家质量研究中心发展而来，其模式（图 2.7）包含知觉质量、顾客期望、知觉的价值、顾客满意度、顾客抱怨及顾客忠诚度等六个变量，每个变量以多个十分尺度之项目来加以衡量。

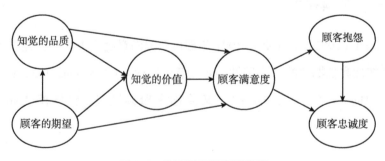

图 2.7 美国顾客满意度指标

（三）欧洲模式

欧洲模式是继瑞典与美国之后建立的欧洲顾客满意度指标，由欧洲质量组织（European Organization for Quality，EOQ）、欧洲质量管理基金会（European Foundation for Quality Management，EFQM）及欧洲顾客导向质量学术网络（European Academic Nerwork for Customer-oriented Quality Analysis）等机构之赞助与合作下所建立。欧洲模式首次发表于 1998 年，其模式（图 2.8）包含形象、期望、所知觉的产品质量、所知觉的服务质量、所知觉的价值、顾客满意度及顾客忠诚度等七个变量。

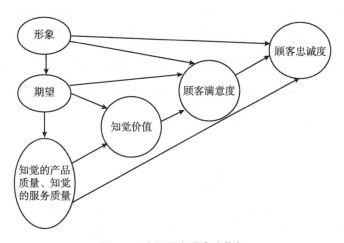

图 2.8　欧洲顾客满意度指标

第三节　顾客抱怨行为

顾客对期望的产品绩效或服务质量与实际感受产生负面差异时，顾客抱怨行为便会随之发生，企业为了挽回顾客的信任，减少顾客流失，势必要对顾客抱怨行为进行处理，目的在于修正与弥补服务过程中产生的缺失。

对顾客抱怨行为的研究开始于 20 世纪 70 年代，早期研究的学者包括 Landon（1977）、Best 和 Andreasen（1977）等。顾客抱怨行为被认为是当顾客有不满意的消费经验时，所能够采取的一种机制是用抱怨的行为来减轻其内心认知失调（cognitive dissonance）程度（Oliver，1987）。另外，顾客抱怨行为也被认为是一种让顾客发泄气愤与挫折的机制，并借此寻求对此次失败的消费经验的补偿（Nyer，1999）。对于顾客抱怨行为的定义，理论界较为公认的是 Singh 在 1988 年给出的。他认为，顾客抱怨行为是全部或部分由某次购买中感知的不满意引发的一系列行为和非行为的多重反应。

关于顾客抱怨行为的分类，学术界主要有以下四种观点。

Day 和 Landon（1977）提出了一个两层次的分类模式：第一层次将顾客抱怨行为分为行为反应（即采取某些行动）和非行为反应（即不采取行动）；第二层次则将行为反应分为公开行动与私下行动，其中公开行动包括直接向商家寻求补偿或赔偿、向消费者协会或法院抱怨，而私下行动则包括抵制商家、警告亲友等。其模式如图 2.9 所示。

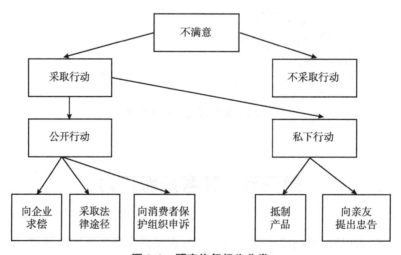

图 2.9　顾客抱怨行为分类

Day（1980）对 Day 和 Landon（1977）分类的第二层次有不同观点，认为可以按照提出抱怨的目的将顾客抱怨行为分为三类：一是寻求赔偿。其目的是直接或间接向商家索要赔偿，如向商家抱怨、采取法律行动等。二是表达不满。其目的是表达不满意，而不是索要赔偿，如影响未来行为、负面口碑等。三是个人抵制。其目的是不再购买或使用该产品或服务。

Singh（1988）对汽车维修业的顾客抱怨行为进行了研究，通过探索性因子分析，发现顾客抱怨行为可以分为三类。一是直接抱怨：向商家索要赔偿或不采取行动；二是私下抱怨：负面口碑或不再购买；第三方抱怨：采取法律行动。

Davidow 和 Dacin（1997）对 Singh（1988）的分类进行了修正，认为顾客抱怨行为可以按照两个维度进行分类：一个维度是抱怨条件是否在顾客自身圈子以内；另一个维度是抱怨条件是否与不满意购买直接相关。

这样，顾客抱怨行为就可以分为四种类型。其中，直接抱怨是顾客向自身圈子以外，与不满意购买直接相关的条件（生产商或经销商）进行抱怨。负面宣传是顾客向自身圈子以内，与不满意购买没有直接关系的条件（亲戚或朋友）进行抱怨。沉默抵制是顾客向自身圈子以内，不满意购买直接相关的条件（顾客本人）进行抱怨。第三方抱怨是顾客向自身圈子以外，与不满意购买没有直接关系的条件（消费者协会或法院）进行抱怨。

第四节 顾客忠诚度

对于消费者而言，个人常有一种固定的消费习惯。这种习惯一旦养成就不容易改变，除非有某些因素引起其好奇，或是阻碍了其习惯的进行。所以，企业要在消费者心中建立良好的产品质量、信誉及印象，以使消费者愿意继续购买或是接收服务。因此，对企业而言，不能只把焦点放在获取新顾客上，而忽略了原有的顾客。这不仅导致成本的浪费，更会对企业造成极大的损失。

（一）顾客忠诚度的定义

关于忠诚度的研究始于 20 世纪 50 年代，Brown（1952）和 Cunningham（1956）对忠诚度进行了实证性研究。从此以后，学者对顾客忠诚度的研究相当多，其看法也不尽相同。早期对顾客忠诚度的研究是将焦点放在重复购买的行为上，近年来则认为顾客忠诚度是一个连续的心理程序，进而影响消费行为。

Jacoby 和 Chestnut（1978）通过对三百多篇相关文献的系统整理发现，对顾客忠诚度的理解有多达五十种不同的观点，但归纳起来有两种基本方法，行为方法和态度方法，从行为角度看，顾客忠诚度被定义为对产品或服务所承诺的重复购买的一种行为。这种形式的忠诚度可以通过诸如购买份额、购买频率等指针来测量。基于态度的观点把顾客忠诚度视为对产品或服务的一种偏好和依赖。这种方法认为描述顾客忠诚度仅考虑顾客的实际购买行为还不够，需要分析顾客的潜在态度或偏好，测量指标有购买意愿、偏好程度等。

Dick 和 Basu（1994）进一步推动了顾客忠诚度的概念，他们引入了相对态度的概念。相对态度是指顾客对某一产品的评价优于对其他产品评价的程度。他们把顾客忠诚度看作个人对于某个实体（品牌、服务、商店或卖主）的相对态度和重复购买之间关系的强度。在他们的研究中，相对态度的认知前提、情感前提和意向前提都对顾客忠诚度有着明确的作用。

Jones 和 Sasser（1995）认为顾客忠诚度是顾客对某特定产品或服务的未来再购买意愿，依忠诚内涵可分为长期忠诚与短期忠诚两种。长期忠诚是顾客长期的购买，不易改变选择；短期忠诚就是当顾客发现有更好的产品或服务选择时，会立即转换。

Oliver（1997）给顾客忠诚度作了详细定义，即顾客忠诚度就是对偏爱产品和服务的深度承诺，在未来一贯地重复购买并而产生对同一品牌或同一

品牌系列产品或服务的重复购买行为。顾客不会因市场情境的变化和竞争性
营销力量的影响产生转移行为。

Gremer 和 Brown（1996）给服务业顾客忠诚度所下的定义是顾客对特定
服务商重复购买行为的程度和对其所持有的积极态度倾向，以及在对该项服
务的需求增加时，继续将该服务商作为唯一选择条件的倾向。学者们关于顾
客忠诚度的定义的整理结果见表 2.5。

表 2.5 顾客忠诚度定义的汇总

学者	定义
Jones、Sasser（1995）	顾客忠诚度是顾客对某特定产品或服务的未来再购买意愿，依忠诚内涵可分为长期忠诚与短期忠诚两种。长期忠诚是顾客长期的购买，不易改变选择；短期忠诚就是顾客发现有更好的产品或服务选择时，会立即转换
Griffin（1995）	忠诚度的定义为：①规律的重复购买；②购买公司提供的各项产品与服务系列；③推荐给其他人；④对其他业者的促销活动显示免疫力
Bhote（1996）	顾客忠诚度是顾客满意公司的产品或服务，以致他们愿意充当营销人员，为公司做正面的宣传
Oliver（1997）	顾客忠诚是指顾客虽受到环境影响或外在营销手法的诱惑，但顾客对所喜欢的产品或服务的未来再购买意愿与承诺仍不会改变，并将品牌忠诚度区分为态度忠诚与行为忠诚两种
Bowen、Shoenaket（1998）	顾客忠诚度是顾客再次光临的可能性大小，并且顾客愿意成为此企业的一分子
Peltier、Weatfall（2000）	顾客忠诚度可以视为来自态度、意向、可能性或行为的认知。因此需要多重指标来衡量忠诚度。其研究中发现续约及推荐的可能性是衡量关系忠诚度的两项指标
Singh、Sirdeshmukh（2000）	顾客忠诚度是消费者愿意继续与服务提供者维持关系的一种倾向

学者	定义
Lee、Cunningham（2001）	顾客忠诚度是指对同一顾客，设法卖给他更多的产品。换言之，就是让顾客将预算都花在特定公司的产品或服务上，若顾客钱花在同一公司的比率越高，越是忠诚顾客

二、顾客忠诚度的衡量

对于顾客忠诚度的衡量方式，不同学者提出了不同的看法。Fornell（1992）指出可由重复购买的意向与满意顾客对价格的容忍情形来衡量顾客忠诚度。而 Gronholdt 等（2000）指出顾客忠诚度是由四个指标所组成，包括顾客再购意愿、价格容忍度、向他人推荐公司或品牌的意愿及顾客交叉购买的意愿。而 Ingrid（2004）认为顾客忠诚度是由三个指标所组成，包括花费更多的金钱购买该公司产品或服务、鼓励其他人购买该公司的产品或服务、相信购买该公司的产品是有价值的。现将各学者对顾客忠诚度之衡量维度归纳成表 2.6。

表 2.6　顾客忠诚度衡量维度的汇总

学者	顾客忠诚度的衡量维度
Fornell（1992）	1. 再购买意愿 2. 顾客对价格的容忍度
Jones、Sasser（1995）	1. 重复购买意愿。顾客未来可能再度购买该公司产品或服务意愿 2. 主要行为。顾客最近一次购买的时间、购买频率、购买数量、续购等 3. 次要行为。顾客愿意帮公司介绍，推荐及建立口碑等
Griffin（1997）	1. 经常性重复购买 2. 顾客购买公司提供的各项商品或服务系列 3. 愿意为公司宣传口碑 4. 对于其他业者的促销活动具有免疫性

学者	顾客忠诚度的衡量维度
Gronholdt 等（2000）	1. 顾客再购买的意愿 2. 价格的容忍度 3. 向他人推荐品牌或公司的意愿 4. 顾客交叉购买的意愿
Bowen、Chen（2001）	1. 行为衡量是指重复购买的行为 2. 态度衡量是指顾客内在心理所引发的忠诚 3. 合成衡量是结合行为与态度忠诚度，可由顾客对产品的偏好、品牌转移的习性、购买频率与全部购买的数量进行衡量
Ingrid（2004）	1. 花费更多的金钱购买该公司产品或服务 2. 鼓励其他人购买该公司的产品 3. 相信购买该公司的产品是有价值的

第五节　各因子间关系的研究

一、服务质量与顾客满意度的关系

根据 Parasuraman（1985）所提出的服务质量概念模式，服务质量与顾客满意度的衡量方式皆为预期与绩效的比较。一般来说，不能将两者做严格的区分，而将这两个名词交互使用。尽管如此，两者间还是存在不少差异的，包括各自模型的衍生过程、服务质量与顾客满意度的因果关系、对模型要素的定义等。学者对问题的研究角度不同，所以对于服务质量与顾客满意度两者间概念的解释也不同。因此，为了不造成两个概念的混淆不清，下面将进行详细的阐述。

（一） 服务质量与顾客满意度的异同

有不少学者把"服务质量"与"顾客满意度"进行了比较，本书主要参考李佩婷（2015）的观点，将服务质量与顾客满意度异同点整理如表2.7所示。

表 2.7 服务质量与顾客满意度的异同

	服务质量	顾客满意度
不同点	1. 顾客对服务质量做长期性、整体性的评估 2. 服务质量在没有实际消费时一样可被认知 3. 知觉服务质量中，价格是属于层次的属性 4. 有学者支持服务质量是顾客满意度的决定项 5. 对于服务质量的评估并不一定要具有实际的消费经验	1. 顾客对特定交易的评估 2. 顾客需要有被服务的经验 3. 顾客会受价格影响 4. 有学者认为顾客满意度是服务质量的投入项 5. 顾客满意度的评估必须在消费者亲自消费后才有的感受
相同点	1. 两者均建立在比较的基础上，顾客满意度是建立在"顾客期望"，以及"业者提供服务"的比较上，而服务质量则是建立在"顾客感受"的比较之上的 2. 两者均以"顾客期望"为比较的母体，且均与"顾客期望"成反比关系，即服务质量与顾客满意度的关系是同方向变动的 3. 两者均可用在预测顾客未来的购买意愿上 4. 两者均可作为公司在服务上的努力指标 5. 两者均是一种态度上衡量 6. 两者均可作为公司在服务改进上的参考依据	

（二） 服务质量与顾客满意度的关系

在服务质量的研究领域中，服务质量和顾客满意度的关系一直是一个没有解决好的问题，主要存在着两种观点的争论。

一种观点认为顾客满意度决定服务质量。Oliver（1980）对服务质量和顾客满意度进行了界定。这两个概念相互联系，顾客满意度的累积会导致良好的服务质量的形成。持有这些观点的还有 Bitner（1990）、Bolton 和 Drew（1991）。

另一种观点认为服务质量决定顾客满意度。持有这种观点的有 PZB（1991）、Cronin 和 Taylor（1992）、Gronroos 和 Ravald（1996）、Spreng 和 Mackoy（1996）、Lee 等（2000）、韦福祥（2003）、Jackie（2004）。国内学者王永贵（2012）指出，服务质量不仅决定顾客满意度，还受到顾客价值的调节作用。

目前，这两种观点之间的争论仍在继续，关于两者之间的关系问题仍然没有一个权威性的定论。由于中国消费者一般只有在接触或感知一项服务之后才对这项服务进行满意或不满意的评价，即认同服务质量决定顾客满意的观点（Cronin，Taylor，1992）。

二、服务质量与顾客忠诚度的关系

Parasuraman、Zeithaml 和 Berry（1985，1988，1996）多次指出，服务质量与顾客行为意向间关系密切，服务质量决定顾客的最终行为。若服务企业提供卓越的服务，则将导致顾客正向的行为意向。反之，若提供低劣的服务，则将导致负的行为意向。Zeithaml、Berry 和 Parasuraman（1996）在实证研究中发现服务质量与顾客忠诚度具有正向相关关系。Reichheld（1990）认为服务性企业提供优质的服务将会为公司赢得顾客的忠诚感。Ravald 和 Gronroos（1996）指出若公司能够持续提供一些独特且有价值的东西给顾客，则顾客的再次购买的概率较大。这意味着提升服务质量，可使得顾客重购概率增加，顾客的忠诚感提升。Taylor（2001）以美国寿险业为研究条件，探讨服务质量对顾客推荐意愿和再购意愿两个因子的影响，结果发现服务质量对顾客推荐意愿的影响并不显著，但对顾客再购买意愿则有显著影响。Keaveney（1995）发现企业所提供的服务结果是决定顾客是否会转移到其他企业的重要原因，若企业能提供良好的服务，将能提高顾客的满意感，建立起与顾客的关系，则顾客将愿意持续与其进行交易。Cronin、Brady 和 Hult（2000）的研究结果表明顾客感觉中的服务质量对顾客的行为意向有着显著的直接影响。

上述研究都是把服务质量作为一个整体的概念，研究其对顾客忠诚度的影响，而没有研究哪些因子影响顾客忠诚度。本书拟深入探讨服务质量各因子与顾客忠诚度的关系。

三、顾客满意度与顾客忠诚度的关系

（一）满意度与忠诚度成正相关

Forndll（1992）证明较高的顾客满意度可转化为较高的市场占有率，有能力来获取一个较高的价格及改进顾客忠诚度。同时，顾客满意度也是和再购买意愿有着强大的关联关系的。

Zeithaml 和 Berry（1996）认为从顾客满意度与顾客保持之间的关系来看，增加消费者整体满意度会导致顾客的重复购买意愿的提高。

Narayandas（1996）的研究实证支持了顾客满意会增加重复购买，产生忠诚度。随着消费量的增加，购买频率的增加，转换成本越来越高，会强化满意度和忠诚度的关系，使得忠诚度和重复购买率都会随之增加。

如用重复购买行为表示消费者的满意，这种满意可以来自情感认知形成顾客忠诚（Oliver，1997；Bearden，Teel，1983）。

Wiele，Boselie 和 Hesselink（2011）在"顾客满意度和商业绩效间的关联性实证研究"的报告中指出，顾客满意度和组织绩效指针（如销售额、市场占有率）呈正相关，虽然其关系并不是很显著。

Boone 和 Kurtz（2011）提出满意的顾客常会为厂商带来新顾客。相反地，不满意的顾客却会给厂商的形象和销售带来负面影响。其研究显示：不满意的顾客中有95%不会直接向厂商抱怨，反而会向另外11个朋友或熟人讲述自己不愉快的购物经历，很明显顾客的满意度直接影响一家厂商的市场占有率、利润和成功。

国内学者汪纯孝、韩小芸和温碧燕（2013），对民航、移动通信、医院、银行、宾馆等5个行业的13个企业进行了一次实证研究，研究表明，顾客满意度是忠诚度的重要前提因素。

（二）顾客满意度与忠诚度之非正相关

Fay（1993）认为较高的服务质量能够带来较高的满意度，但较高的满意度却无法直接转换为更高的顾客忠诚度。

Fredericks 和 Salter（1995）同意顾客满意并不能提高企业的营利或利润，应增加顾客忠诚度才能对企业有实质的帮助。

Jones 和 Sasser（1995）认为转换成本低，顾客即使满意，也少有忠诚；转换成本高，即使顾客不满意，也不见得会发生购买改变。Reicheld（1996）在研究中指出，美国的汽车产业有85%~95%的人满意，但重复购买比例只有30%~40%而已。所以只有顾客满意是不够的。

Oliver（1999）认为消费者的忠诚度与满意度并不是同一回事，忠诚的顾客一定是满意的，但满意未必会变成忠诚。

国内学者韩经纶和韦福祥（2011）认为在静态关系下，无法得出满意与忠诚的关系。他们认为顾客满意与忠诚的关系可动态地分成两种情况：无随机因素情况下的顾客满意与忠诚关系和存在随机因素情况下的顾客满意与忠诚的关系。他们的研究结果表明：在无随机因素情况下，顾客满意水平与顾客保持率及向他人推荐所介绍过的服务的程度之间并不总是强相关关系。而存在随机因素的情况下，指企业无法控制的影响顾客感知的因素，如约束问题、服务补救问题、竞争对手价格或其他诱惑等，这时顾客满意和忠诚间的关系更是复杂。

四、顾客抱怨与满意度及忠诚度的关系

顾客抱怨是顾客对产品或服务感到不满意时，减轻认知不平衡的一种行

为机制（Oliver，1987）。抱怨也被认为是一种发泄愤怒和挫折感并寻求补偿的方式（Bagozzi，Gopinath 和 Nyer，1999）。虽然顾客可以通过对产品或服务的抵制来表达不满，或者即使不满意也仍然继续购买（Hirschman，1970；Day，1984；Andreasen，1988），但一般认为顾客不满意是抱怨的重要原因。

Bolton（1998）认为，有效地解决顾客的抱怨会对顾客满意度和忠诚度产生重大影响。不满意的顾客如果经历了高水平的、出色的抱怨处理，会比那些第一次就获得满意的顾客具有更高的满意度，并更可能再次光顾（McCollough，Bharadwaj，1992）。Bateson（1993）的研究表明，一个顾客需要12 次正面的购物经历来消除一次负面购物经历带来的不快。一个顾客会向 9或 10 个人抱怨，但是如果服务失败得到恰当的处理，顾客之后向 5 个人抱怨，并且 64% 的不满意的顾客不抱怨。但是如果不进行补救，购买额在 1~5美元的顾客将流失到竞争者那里，购买额超过 100 美元顾客的流失率也将达到 91%。现将学者关于顾客抱怨处理与顾客忠诚度之间关系的研究整理于表 2.8。

表 2.8　顾客抱怨处理与顾客忠诚度相关研究的汇总

学者	主要观点和结论
Etzel、Silverman（1981）	不同的服务补救措施带来不同的满意度和顾客反应。处理失误后的再次满意，会比初始满意带来更强的顾客忠诚度
Fornell、Wenerfelt（1987）	良好的服务补救可以提高顾客满意度，并防止顾客转换品牌
Clark、Kaminski、Rink（1992）	有效的服务补救不但可以留住原先对服务不满的顾客，还能增强顾客对企业形象感知
McCollough、Bharadwaj（1992）	不满意的顾客如果经历了高水平的、出色的抱怨处理，会比那些第一次就获得满意的顾客具有更高的满意度，并更可能再次光顾
Conlon、Murray（1996）	服务补救与顾客满意度和再购率有显著的相关关系

学者	主要观点和结论
Bejou、Palmer（1998）	认为当服务失误发生时，企业有效的承诺以及与顾客之间的信赖关系，会带来较高的顾客忠诚度
Bolton（1998）	有效地解决顾客的抱怨会对顾客满意度和忠诚度产生重大影响
Mccollough、Bharadwaj（2000）	服务补救能影响顾客满意度以及口碑和再购意愿，高水平的服务补救会带来正面的影响

第六节　商业银行及银行服务

一、商业银行定义

在金融体系中，商业银行是一个抽象的称谓，一个国家或一家银行往往并不直呼"商业银行"。也就是说，商业银行是一个总体概念，它不是指一家或某几家银行，而是指具有某种共同职能和特征的一类商业银行（任远，2014）。商业银行作为一个团体，它们能够通过创立活期存款以扩大或收缩货币供应量。传统的商业银行是指以吸收可以开出支票的活期存款为主要资金来源，以向工商企业发放短期贷款为主要资金运用，并为商品交换的货币结算提供支付机制的银行（申跃，2015）。我国的商业银行法则将其定义为："指依照本法和《中华人民共和国公司法》设立的吸收公众存款、发放贷款、办理结算等业务的企业法人"（杨有振，2013）。概括起来讲，商业银行是以盈利为目的，以存贷款为经营条件，为客户提供多种金融服务的金融中介机构。

国有商业银行主要是由国家投资建立，政府作为出资人，是国有商业银行最大的股东。因此政府以股东的身份管理国有商业银行。同时，政府作为社会经济管理者，肩负着维护经济秩序、稳定经济运行的责任。政府需要借助行政权力，运用宏观调控和监管手段履行职责。国有商业银行是金融企业，作为市场的主体，必然要接受政府的行政管理（Gilbert，2005）。

二、国有商业银行服务的内涵

简单地讲，国有商业银行服务就是指银行为其服务条件提供资金融通，以及资金融通相关的业务。从提供服务的层次来看，国有商业银行服务基本上可分为三个层次，即核心服务、便利性服务和支持性服务。国有商业银行的核心服务是提供给客户的核心利益，也是其得以存在的原因，主要包括吸收存款、提供贷款、资金结算等服务（许梅，2012）。

国有商业银行的便利性服务是指为了方便核心服务的使用，如果没有必要的便利性服务，国有商业银行的核心服务就不能很好地被顾客感知。国有商业银行的便利性服务主要包括信用卡业务、ATM 服务、商业银行网点设置、转账业务、异地取款、网上银行、住宅按揭、代理业务等服务（霍映宝和韩之俊，2014）。国有商业银行的支持性服务是用来提高其服务价值或者与其他竞争对手服务相区别的服务。它并不是用来方便核心服务的消费或使用。国有商业银行的支持性服务主要包括查账服务、投资咨询服务、账户管理服务、发行债券、微笑服务、快捷服务、与客户保持良好的私人关系，并提供其他领域关系等服务（海宝，2015）。

与国有商业银行提供的服务包含三个层次类似，国有商业银行的经营管理必须遵循安全性、流动性、营利性的"三性"原则（杨有振，2016）。安全性是指银行的资产、收入、信誉及所有经营、生存、发展条件免遭损失的可靠程度。流动性是指国有商业银行能随时应付客户提存、满足必要贷款的能力。营利性是银行获得利润的能力（焦伟侠和顾巍，2015）。由于本书主要研究国有商业银行服务，因而对国有商业银行的经营管理并没有用过多篇幅介绍。

三、国有商业银行竞争格局

随着金融体制改革的深入，我国的银行体系已由高度集中的单一国家银行体制演变为多功能、多成分、多机构的银行体系。我国银行业现有的竞争主体主要有四大国有商业银行、其他商业银行（包括股份制商业银行和住房银行）、城市商业银行、城市信用社、农村信用社、外资银行。由于历史的原因，四大国有商业银行无论在规模还是业务存贷款上仍然占据着垄断地位。

然而，中国银行业的市场结构正朝着多元化发展，与国有银行在保持垄断地位下的市场份额下滑相对照，股份制银行和城市银行的增长空间有所扩展。近年来股份制商业银行的发展速度明显超过行业平均水平，商业银行市场占也有率逐步提高，并逐步蚕食国有商业银行的市场份额。

四、银行服务选择的影响因素

许多案例研究证明，银行业顾客保持比率增长 5%，将会带来银行利润的增长，获取银行顾客满意度，从而提高顾客保持率。

以往研究表明，一系列因素都会影响顾客对银行的选择和偏好、服务的使用和忠诚水平，表 2.9 对以往研究中这些影响因素进行了总结。从表 2.9 可以看出，影响顾客选择银行服务的原因主要有银行服务内容、地理位置、银行的物理设备、获取服务的便利性、人口统计特征和口头交流等因素的影响。

表 2.9　选择银行服务提供者的主要影响因素综合

研究学者	研究条件	决策的主要影响因素
Anderson 等（1976）	普通顾客（美国）	便利、顾客服务
Dudley 等（1985）	普通顾客（美国乡镇）	便利、员工、声誉
Laroche 等（1986）	普通顾客（加拿大）	服务速度、位置的便利、员工

研究学者	研究条件	决策的主要影响因素
Mintel（1990）	年轻顾客群体（英国）	银行服务内容、获得的利息、分支机构的接近性
Lewis（1991）	普通顾客（英国和美国）	地理位置、服务提供者、物理设施
Mintel（1992）	普通顾客（英国）	分支机构的接近性、父母的影响、推荐
Levesque、Mcdougall（1996）	普通顾客（加拿大）	服务质量的核心绩效、相关绩效服务特征、问题遭遇、对问题解决的满意程度
Jamal、Naser（2002）	Abu Dhabi 商业银行	服务质量、居住时间、银行账户类型、银行顾客专业知识、年龄
Jamal、Naser（2003）	普通顾客（巴基斯坦）	服务质量的核心绩效、相关绩效

五、银行顾客满意度研究

一些学者对银行服务的顾客满意现状进行了研究。Lewis 等（1994）采用"期望不一致"模型研究学生对银行服务质量的满意度。研究证明：大部分学生对银行服务非常满意。然而，研究仍然发现，学生对银行服务的期望和感知上还是存在差异。学生对与"人"相关的服务维度感到满意，但是认为服务传递过程中的一些方面也存在缺陷，如对服务的解释、队伍等候的速度和效率。吴丰和付强（2011）对成都市国有商业银行的满意度调查表明：顾客的总体满意得分为 3.86（1 分表示很不满意，2 分表示不满意，3 分表示一般，4 分表示满意，5 分表示很满意），属于基本满意。调查得知，顾客对银行营业环境和服务态度的满意度较高，分别达到 4.15 和 3.98；对服务可靠性和周到性的满意度居中，分别为 3.85 和 3.79；对服务方便性的满意度较低，为 3.66。王进富等（2015）对国有商业银行顾客满意研究时发现：顾客对国有商业银行规模和实力、地理位置、营业厅环境等比较满意，顾客对服务水平的满意度也比较高。但是，顾客认为银行服务人员的素质需要提高，ATM 机的网点分布不够广。Pont 和 Mcquilken（2005）对澳大利亚退休人员和大学生两个细分市场的银行顾客研究时则发现：退休人员和大学生对银行的满意度不存在差异。然而，在忠诚度和转换意愿两个行为意愿维度上，两个组之间存在显著差异。

六、银行服务质量维度

针对银行业这一具体服务行业，一些学者研究了银行感知服务质量的维度（Bahia，Nantel，2000；Karatepe 等，2005；王进富等，2015）。Bahia 和 Nantel（2000）结合 PZB 提出的 10 个感知服务质量维度和市场营销中的 7S 组合对银行业顾客感知服务质量维度进行了研究，最后得出顾客感知银行服务质量的 6 个维度：效率和保证性（effectiveness and assurance）、接近性（access）、价格（price），有形性（tangible）、服务范围（services portfolio）和可靠性（reliability）。Karatepe 等（2005）采用三阶段、多样本的方法对土耳其的银行顾客采用感知绩效的方法进行调查。最终得到 20 个测量银行感知服务质量绩效的测量项目，通过探索性因子分析得到银行感知服务质量的 4 个维度，即服务环境（service environment）（4 个测量项目）、过程质量（interaction quality）（7 个测量项目）、关怀性（empathy）（5 个测量项目）和可靠性（reliability）（4 个测量项目）。马力（2015）将银行服务质量分为"服务水平"和"服务效率"两个主要因子。这些学者的研究为本研究在设计顾客感知银行服务质量的测量量表时提供了理论依据。

综上所述，由前述的文献探讨可以发现，服务质量一直是服务领域研究的重点，早期学者们主要研究服务质量的影响因素或是服务质量与顾客满意度、忠诚度的关系。后来意识到抱怨处理对保持顾客的重要作用，学者们开始研究顾客抱怨行为与顾客满意度、忠诚度关系。但综合研究服务质量、顾客满意度、忠诚度、顾客抱怨行为等关系的相关研究还不是很多。

国内学者对国有商业银行的研究也不多，而且主要集中在银行的发展状况、风险的防范及服务质量的影响因素上，对银行服务质量、满意度及忠诚度的综合研究还很少见。因此，本书以服务质量当作顾客满意度、忠诚度的前因，并加入顾客抱怨行为这个变量，以期望建立一个适合国有商业银行业的忠诚度的衡量模式。

第七节　本章小结

本章对服务质量理论进行了回顾。有关服务质量相关概念是由国外引入，因此国内学者的许多观点很大程度上受到国外观念影响，特别以 PZB 为代表的市场营销学者展开的对服务营销理论的研究被普遍认同和引用。

本章从服务质量的基本定义入手，对服务质量的维度和服务质量的模型作了较为详尽的综述。通过对顾客满意度的定义分析，研究了顾客满意度的指数，并介绍了顾客满意度的模型，即瑞典模式、美国模式和欧洲模式。另外，还对顾客抱怨行为进行了较综合的评述，重点整理了有关顾客抱怨行为相关研究。同时，从顾客忠诚度的定义为切入点，对顾客忠诚度的相关理论进行了总结，侧重整理汇总了顾客忠诚度的衡量的相关指标。

在以上理论汇总整理的基础上，本章对有关各因子间关系的研究进行较详细的总结，主要包括服务质量与顾客满意度的关系、服务质量与顾客忠诚度的关系，以及顾客满意度与顾客忠诚度的关系。

最后，本章对有关商业银行及银行服务理论进行回顾。主要内容包括商业银行定义、国有商业银行服务的内涵、国有商业银行竞争格局、银行服务选择的影响因素、银行顾客满意度研究，以及银行服务质量维度。

第三章 研究设计与变量测量

在第二章文献综述的基础上，本章将首先提出本书的研究构思，然后对研究变量进行定义，提出研究假设，对问卷进行设计，之后实施抽样设计与数据收集，最后确定数据分析方法。

第一节 研究构思

服务质量的重要性已经逐渐被人们广泛接受，国内外很多的相关研究成果也证明：服务质量为顾客满意度的前因变量。高质量的服务可以提高顾客的满意程度，增加顾客的忠诚度，为企业获得长期竞争优势打下良好的基础。因此，各服务行业都非常重视提高服务质量、改善自身的服务水平。国有商业银行作为国家金融的支柱企业，对提高服务质量、增强顾客忠诚度也非常重视。但是，由于诸多条件的限制，目前国内对此项研究还不够成熟，研究服务质量对顾客满意度和忠诚度的影响及影响程度都还没有较深入的研究成果。

文献回顾表明，在前人的理论成果中，大多文献认可服务质量为顾客满意度的前因变量。例如，Oliver 和 Desarbe（1988）认为服务质量是顾客满意度和顾客忠诚度的先行变量。Cronin 和 Taylor（1992）针对银行、疫情控制、干洗及快餐店等服务行业进行服务质量方面的研究，其结论指出顾客满意度对顾客的购买意图存在显著性影响，而服务质量为顾客满意度和顾客忠诚度的前因变量。另外，他们还指出服务质量对购买意图的影响不如对顾客满意度和顾客忠诚度的影响。

虽然国外学者的研究基本认为服务质量为顾客满意度和顾客忠诚度的前因变量，服务质量能提高顾客的满意度和忠诚度。但也存在着不同的观点和争议，部分学者认为顾客满意度为服务质量的前因变量（Bolton，Drew，1991；Bitner，Hubbert，1994）。但他们的研究都没有用国有商业银行作为实证条件，更重要的是这些国外研究结果是否适合我国国内的情况，相关成果能否运用到国内的国有商业银行业中来，还值得进一步探讨。

结合国内消费者的消费行为与消费习惯，一般来说，消费者通常只有在接触或感知一项服务之后才对这项服务进行满意或不满意的评价，即认同服务质量为顾客满意度和顾客忠诚度的前因变量，服务质量决定顾客满意度和顾客忠诚度的观点（Cronin，Taylor，1992）。

当顾客接受了银行提供的服务之后，就会对服务产生感知。当期望服务质量大于感知服务质量时，顾客就会感到不满意。他们就会有抱怨行为的产生，而企业为了避免顾客因抱怨而离开企业，必然对顾客抱怨进行处理，及时地消除顾客的不满。这些顾客会比那些从未遭受过服务失败的顾客，具有更高的忠诚度（Tax Brown，1998）。

在综合前人的研究成果和国有商业银行特征的基础上，本书提出了一个研究国有商业银行服务质量、顾客满意度、顾客抱怨行为及顾客忠诚度等变量的模型。具体模型如图3.1所示。

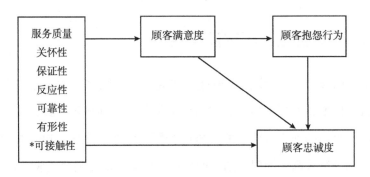

图 3.1　研究构思框架

* 为本研究提出的因子，将在本研究进行论证

第二节　研究假设

本节将根据本文研究的问题、文献探讨以及研究构思框架，建立国有商业银行在服务质量、顾客满意度、顾客抱怨行为及顾客忠诚度等各变量间关系的研究假设。

一、期望服务质量与感知服务质量

根据 Parasuraman、Zeithaml 和 Berry（1985）提出的"服务质量概念模型"，服务质量存在五个缺口，第五个缺口是"顾客期望的服务质量与感知的服务质量存在缺口"。顾客在购买产品或接受服务之前都会对产品或服务有个心理预期，在使用后又会形成对服务的感知。如果事后感知大于事前的期望，则顾客对企业提供的服务质量会感到满意。如果事后的感知未达到事前的期望，则顾客对企业提供的服务质量将感到不满意。为了研究在国有商业银行业中服务质量缺口 5 是否存在，本书建立了如下假设。

H1：期望的服务质量与感知的服务质量无显著差异。

二、服务质量与顾客满意度

Oliver（1980）针对疫苗接种进行研究，发现顾客在购买之前会先对产品的绩效有所期望。如果购买后产品的绩效表现与期望不一致，则会产生失验的情况，事前的期望与事后的失验都会影响顾客满意度。也就是说，若消费者感受到的绩效高于期望，则会产生顾客满意；反之则会造成顾客不满意。因此服务质量（感知与期望的差距）对顾客满意度有正向的影响。

Cronin 和 Taylor（1992）、Spreng 和 Mackoy（1996）在比较服务质量和顾客满意度的因果关系后，证实了服务质量是顾客满意度的前因。而且根据 PZB 理论，如果感知服务水平大于期望服务水平，则消费者对于服务质量的满意度将会提升。若感知服务水平小于期望服务水平，则消费者对于服务质量的满意度将会下降。

Cronin 和 Taylor（1994）以结构方程为研究工具，对数个服务产业进行服务质量与顾客满意度间相互关系的实证研究，发现服务质量的确可以被视为顾客满意度的前因要素，进而服务质量还将更进一步的影响顾客购买意愿。

因此，本书认为在国有商业银行业中，服务质量的提高会使顾客满意度得到提升。本研究做出如下假设。

H2：服务质量对顾客满意度有显著正向影响。

H2a：服务质量的关怀性因子对顾客满意度有显著正向影响。

H2b：服务品质的保证性因子对顾客满意度有显著正向影响。

H2c：服务质量的反应性因子对顾客满意度有显著正向影响。

H2d：服务质量的可靠性因子对顾客满意度有显著正向影响。

H2e：服务质量的有形性因子对顾客满意度有显著正向影响。

H2f：服务质量的可接触性因子对顾客满意度有显著正向影响。

三、服务质量与顾客忠诚度

Parasuraman、Zeithaml 和 Berry（1985，1988，1996）多次指出，服务质量与顾客行为意向间关系密切，服务质量决定顾客的最终行为。如服务企业提供卓越的服务，则将导致顾客正向的行为意向。反之，若提供低劣的服务，则将导致负向的行为意向。这三位学者在实证研究中，也证实了服务质量与顾客忠诚度具有相关关系。

Parasuraman 等（1991）认为顾客忠诚度的建立，可以通过服务质量的提升而加强。Frederick（1996）也以质量零缺点引出服务质量将为公司赢得顾客的忠诚度的观念。Ravald（1996）指出若公司能够持续提供一些独特且有价值的东西给顾客，则顾客的再次购买概率会较大，这意味着提升服务质量，可使顾客重购概率增加，顾客的忠诚度提升。Kandampully（1998）认为公司提供好的服务将能维持顾客的忠诚度。黄春生（2010）认为服务质量会影响顾客忠诚度。欧洲模式（1999）中发现公司形象、服务质量会直接影响顾客的忠诚度。此外，Butcher 等（2011）在其论文中验证了服务质量与顾客忠诚度之间的正向关系。Caruana（2012）认为顾客满意度为中介变量会影响服务质量与忠诚度。

因此，本书认为在国有商业银行业中，服务质量的提高会造成顾客继续留在此家银行交易，会向亲友推荐此家国有商业银行，具有较高的价格容忍度，且会使用此银行的其他服务。本研究做出如下假设。

H3：服务质量对顾客忠诚度有显著正向影响。

H3a：服务质量的关怀性因子对顾客忠诚度有显著正向影响。

H3b：服务质量的保证性因子对顾客忠诚度有显著正向影响。

H3c：服务质量的反应性因子对顾客忠诚度有显著正向影响。

H3d：服务质量的可靠性因子对顾客忠诚度有显著正向影响。

H3e：服务质量的有形性因子对顾客忠诚度有显著正向影响。

H3f：服务质量的可接触性因子对顾客忠诚度有显著正向影响。

四、顾客满意度与顾客忠诚度

在过去探讨顾客满意度与忠诚度的相关研究中，大多数的研究皆发现顾客满意度的提升，对顾客忠诚度会有正面的影响，顾客满意是顾客忠诚的基础，顾客忠诚应建立在顾客满意之上（Coyne，1989；Fornell，1992；Anderson，Sullivan，1993；Heskett 等，1994；Jones，Sasser，1995；Soderlund，1998）。Gronholdt 等（2000）的研究除了指出顾客的忠诚度受到顾客满意度的直接正向影响外，还认为顾客会以四种方式表达其满意感受，包括再购意愿、价格容忍度、口碑推荐及交叉购买。

美国 RDS 公司调查结果表明：当顾客期望值达到并超越之后，顾客的满意会变得更加明确和肯定，而顾客相应的情感会变得更加积极和明朗，从而达到欣喜。欣喜的顾客会再次购买或向其亲友、同事推荐的热情就会相应增高。也就是说顾客满意度和顾客忠诚度有正向关系。

Reichheld（1996）在研究中却发现，在声称自己是满意或非常满意的顾客当中，有65%～85%的顾客后来会转换到其他竞争企业。此外，在汽车产业中，有85%～95%的顾客认为他们是满意的顾客，但其中仅有30%～40%的顾客会再次选购同样的车款。Reichheld（1996）将这种现象称为"满意的陷阱"（the satisfaction trap），也即满意的顾客不一定会具有忠诚的态度与行为。因此，本书希望在国有商业银行领域对满意度与顾客忠诚度之间的关系做进一步的探讨。

本书认为在国有商业银行业中，顾客满意度的提升会使得顾客继续留在此家银行交易，向亲友推荐此家国有商业银行，使用此银行的服务或产品。本书做出如下假设。

H4：顾客满意度对顾客忠诚度有显著正向影响。

五、顾客满意度与顾客抱怨行为

当顾客对提供的服务感到不满意时，便会产生一种不满情绪，而后顾客便会寻找一种或几种途径来发泄这种不满情绪。顾客可能会向亲戚朋友诉说他的不满情绪，也可能直接转向竞争者，或者向企业提出抱怨，当然也可能会保持沉默并继续光顾。也就是说，顾客满意度很高时，采取各种抱怨行动的可能性也会低一些。否则，顾客抱怨的可能性也会很高，顾客抱怨的程度也会很强烈。因此，对于国有商业银行顾客满意度与顾客抱怨行为的关系，本研究做如下假设。

H5：顾客满意度对顾客抱怨行为有显著负向影响。

六、顾客抱怨行为与顾客忠诚度

当顾客的抱怨较多会影响顾客对该产品的忠诚度。尤其在当前竞争非常激烈的情况下，能够提供相同或相似功能的产品的企业很多，这样就扩大了顾客可以选择的范围，顾客不会再像以前一样忍气吞声继续使用该品牌的产品，他们很可能会转向竞争对手，转向能为自己带来满意服务的企业。可以看出，"顾客抱怨行为"对"顾客忠诚度"会有负向影响。因此，对于国有商业银行顾客抱怨行为与顾客忠诚度的关系，本研究做出如下假设。

H6：顾客抱怨行为对顾客忠诚度有显著负向影响。

第三节　研究变量的定义与衡量

由研究框架可知，本书的研究变量包括国有商业银行服务质量、顾客满意度、顾客抱怨行为及顾客忠诚度。现对各变量进行定义如下。

一、服务质量

在衡量国有商业银行服务质量时，本书主要引用了 Parasuraman 等三位学者提出的 SERVQUAL 量表中的五大服务质量因子：有形性、可靠性、反应性、保证性、关怀性。另外，根据国有商业银行的特殊性，本书增加了一个因子，即可接触性。现将这六个因子在本书中定义如下。

（一）有形性

此因子原意为服务产品的有形部分，如物理设施、设备、服务人员的仪表外观。本书将其定义为国有商业银行所提供的服务环境、服务工具，以及服务人员的仪表等，具体见表 3.1。

表 3.1　有形性的测量量表

因数	因子对应的测量量表	来源
有形性	设备使用方便	PZB（1988）
	内、外部装饰有吸引力	
	员工仪表整洁得体	

（二）可靠性

此因子原意为准确可靠地执行所承诺服务的能力。本书将其定义为国有商业银行具有足够的专业知识和专业技术能力，来完成向顾客所承诺的各种服务。具体见表 3.2。

表 3.2　可靠性的测量量表

因数	因子对应的测量量表	来源
可靠性	履行对顾客的承诺	PZB（1988）
	在承诺的时间内提供服务	Bahia，Nantel（2000）
	交易过程中无出错率	

（三）反应性

此因子原意为服务人员愿意帮助顾客和为顾客提供快速的服务。本书将其定义为服务人员能对顾客的要求快速反应，并向顾客提供热忱、及时的服务。具体见表 3.3。

表 3.3　反应性的测量量表

因数	因子对应的测量量表	来源
反应性	管理人员和柜台人员愿意帮助顾客解决问题/疑问	PZB（1988）
	不会因太忙而疏于响应顾客	
	愿意听取顾客意见	

（四）保证性

此因子原意为员工的知识和礼貌，以及能使顾客信任的能力。

本书将其定义为服务人员具备服务所需的专业知识和技术能力，为顾客提供安全、准确的服务。

在研究银行的特殊性中发现：顾客在接受银行提供的服务同时，也存在一定的危险和风险。这些危险和风险包括顾客的数据安全和顾客在营业场所的人身安全。这种"安全性"的要求，在某种意义上和"保证性"有很大的相关性。银行只有为顾客提供人身安全的和个人数据信息安全的服务，才能使顾客在银行办理业务时感到有安全性的保障。因此，保证性在原有意义的基础上又多了一个保证安全的意义。具体见表3.4。

表3.4　保证性的测量量表

因数	因子对应的测量量表	来源
保证性	员工态度友好、礼貌和专业知识强	PZB（1988）
	柜台人员处理业务时，给顾客以安全感	
	服务效率高	
	对顾客尊重	
	员工的行为使顾客对其产生信任	Bahia，Nantel（2000）
	与服务相关的材料（如宣传材料或广告词）有吸引力	
	银行对顾客数据管理采取安全保密措施	本研究
	银行在营业场所设立安全保障系统	本研究

（五）关怀性

此因子原意为给予顾客的关心和个性化的服务。本研究将其定义为服务人员学习了解顾客，并针对不同顾客调整沟通方式，让顾客有被重视、被尊重的感觉。具体见表3.5。

表3.5　关怀性的测量量表

因数	因子对应的测量量表	来源
关怀性	各种业务收取服务费用合理	Bahia，Nantel（2000）
	为顾客提供个性化的服务	
	员工了解顾客的需求	
	排队等候时间短	
	以顾客利益为优先考虑的因素	PZB（1988）

（六）可接触性

以互联网为代表的信息技术飞速发展，深刻影响了金融业的传统运作模式。网络经济与电子商务的出现打破了金融市场的壁垒，要求银行必须提供 AAA（anytime、anywhere、anystyle）的金融服务。网络时代较之传统时代，顾客在服务的要求上有较大的区别，具体如图 3.2 所示。它要求企业改变传统的服务理念，为顾客提供更贴切时代的服务。作为国有商业银行，它不仅拥有庞大的客户群，而且业务烦琐，管理结构复杂。因此，传统的顾客服务理念已不适应网络时代顾客的需求。网络时代的顾客的关注点在于购买便捷、配送速度、个性特征以及互动交流。

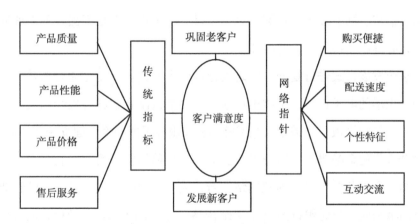

图 3.2　网络时代的客户满意度模型

网络银行便是随着网络金融和电子商务的蓬勃发展而产生的。网络银行突破了传统实体银行的时空局限性，为用户提供全天候的便捷服务，让顾客足不出户便能办理相关银行业务；网络银行降低了实体银行的运行成本，提高了商业银行的整体运行效率。

网络银行又称在线银行。根据巴塞尔银行监管委员会定义，网络银行是指那些通过电子渠道，提供零售与小额产品及服务的银行。美国联邦储备系统对网络银行（online banking、internet banking 或 network banking）的定义为利用互联网为其产品、服务和信息的业务渠道，向其零售和公司客户提供服务的银行。欧洲银行标准委员会的定义是：网络银行是指那些利用网络为通过使用计算机、网络电视、机顶盒及其他一些个人数字设备连接上网的消费者和中小企业提供银行服务的银行。我国中央人民银行在《网络银行业务管理暂行办法》中规定网络银行是指银行通过互联网提供的服务。同时，网络银行又被称为"3A 银行"，因为它不受时间、空间限制，能够在任何时间（anytime），任何地点（anywhere），以任何方式（anyhow）为客户提供金融服务。

结合国内外相关概念的界定，本书定义的网络银行（network banking）是指银行提供的利用互联网技术，通过网络为客户办理开销户、查询、对账、转账、信贷、网上证券、投资理财等项目，使客户可以足不出户就能够安全便捷地办理相关银行业务的服务。

按照发展模式进行划分，网络银行可分为两类：一类是完全依赖于互联网的、无形的电子银行，也称虚拟银行。它是指没有或拥有极少的实际柜台作为支持的网络银行，采用互联网等高科技服务手段与客户建立密切的联系，提供全方位的金融服务。以美国"安全第一"网络银行为例，它是在美国成立的第一家无营业网点的虚拟网络银行，成立于 1995 年 10 月。它的营业厅就是网页画面，当时银行的员工只有 19 人，主要的工作就是对网络的维护和管理（李东，2014）。

另一类是在现有的传统银行的基础上，利用互联网开展传统的银行业务交易服务，即传统银行利用互联网作为新的服务手段为客户提供在线服务，实际上是传统银行服务在互联网上的延伸。这是目前网络银行存在的主要形式，也是绝大多数商业银行采取的网络银行发展模式（雷大章，2014）。

目前，国有商业银行的网络银行并无一家采用纯虚拟的形式，而全部属于第二类基于传统银行的模式。本书讨论的网络银行也在该种模式范畴之下。

网络银行的特点主要如下。林季苇（2016）认为，首先，网络银行业务虚拟。网络银行没有实体建筑和设施，也没有员工面对面的沟通和指导，只是通过互联网建立虚拟的电子空间将客户与银行系统相连，由客户自主地完成相关业务的操作，从而使金融服务跨越了空间和时间的障碍，快速而高效。其次，网络银行成本低廉。网络银行利用互联网技术在很大程度上实现了客户的自主服务，相当于建立了一条低成本的服务渠道。据 Booz Allen & Hamilton 公司的调查结果显示，网络银行经营成本相当于经营收入的 15%~20%，而传统银行的经营成本占经营收入的比例高达 60%。这一特性不仅反映为银行运营成本的大幅下降，更使其在满足顾客需求的同时费用支出显著减少。最后，网络银行要求技术创新。网络银行因其自身的互联网特性而具有较高的科技含量。在消费者需求的满足方面不仅能涵盖基本的银行个人业务，更能将网上支付、投资、个人理财等商业银行新兴业务广泛融合。随着 IT 及互联网技术的飞速发展，商品特性更趋于虚拟化，顾客的消费行为更趋于个性化、网络化。消费习惯的改变要求金融服务提供便利性和高科技的支持，网络银行毫无疑问是顺应这一趋势的重要服务提供渠道。

经过 12 年的发展，国有商业银行网络银行经历了从仅仅建立网站，提供简单信息传播功能的初始阶段到开通账户查询和转账等简单基础业务的中级阶段，再到当今能够提供全方位银行服务的高级阶段，实现了不小的转变，但也存在几个方面的问题，具体问题表现为：一是网络银行的操作安全性有待加强。二是自助银行和 ATM 机分布有待扩大。三是网络银行的营销活动缺乏交互性，主要表现在页面设计不宜于操作、顾客的参与及互动性较差。四是网络银行的业务普遍同质，缺乏创新（付慧，2016）。

电话银行是近年来国外日益兴起的一种高新技术，是实现银行现代化经营与管理的基础。它通过电话这种现代化的通信工具把用户与银行紧密相连，使用户不必去银行，无论何时何地，只要通过拨通电话银行的电话号码，就能够得到电话银行提供的其他服务（往来交易查询、申请技术、利率查询等），当银行安装这种系统以后，可使银行提高服务质量，增加客户，为银行带来更好的经济效益（陈晓群，2014）。

电话银行服务特点主要表现为吕彦儒（2015）操作简单，自动化管理，不需要人工干预；安全性高，系统内配有多级用户验证，保证客户的银行信息安全；可实时查询，实现银行 24 小时服务；银行内线与外线任意配置；可配置传真接口；线路的接口应该符合信息产业部的入网标准。

目前，各国国有商业银行都开通了电话银行。电话银行作为网络银行的延伸服务，弥补了网络使用技术的限制，为不会使用网络和不便使用网络的顾客提供了较为方便的、易操作、快捷的服务。

因此，如何利用现代通信技术为顾客提供更加优质而个性化的服务，提升顾客的服务体验从而提高顾客忠诚度成为国有各家银行争夺市场的重要手段。

通过以上的文献分析，本书在 SERVQUAL 量表中的五大服务质量因子的基础上又增加了一个因子，即可接触性。此因子定义为国有商业银行借助一定的信息技术，为顾客提供便捷性、互动性，以及可操作性的现代金融服务，具体见表 3.6。

表 3.6　可接触性的测量量表

因数	因子对应的测量量表	来源
可接触性	可以通过电话获取所需信息	Bahia，Nantel（2000）
	网络银行的服务页面简单且易操作	本研究
	自助银行和 ATM 机分布广	本研究

通过以上对服务质量因子分析，本书关于服务质量的测量量变整理汇总为表 3.7。

表 3.7 服务质量的测量量变汇总表

因子	因子对应的测量量表	来源
有形性	设备使用方便	PZB（1988）
	内、外部装饰有吸引力	
	员工仪表整洁得体	
可靠性	履行对顾客的承诺	PZB（1988）
	在承诺的时间内提供服务	
	交易过程中无出错率	Bahia，Nantel（2000）
反应性	管理人员和柜台人员愿意帮助顾客解决问题/疑问	PZB（1988）
	不会因太忙而疏于响应顾客	
	愿意听取顾客意见	
保证性	员工态度友好、礼貌和专业知识强	PZB（1988）
	柜台人员处理业务时，给顾客以安全感	
	服务效率高	
	对顾客尊重	
	员工的行为使顾客对其产生信任	Bahia，Nantel（2000）
	与服务相关材料（如宣传材料或广告词）有吸引力	
	银行对顾客数据管理采取安全保密措施	本研究
	银行对营业场所设立安全保障系统	本研究
关怀性	各种业务收取服务费用合理	Bahia，Nantel（2000）
	为顾客提供个性化的服务	
	员工了解顾客的需求	
	排队等候时间短	
	以顾客利益为优先考虑的因素	PZB（1988）
可接触性	可以通过电话获取所需信息	Bahia，Nantel（2000）
	网络银行的服务页面简单且易操作	本研究
	自助银行和 ATM 机分布广	本研究

由于各国具有不同的政治、经济和文化背景，消费者对服务质量的感知会有不同的标准和侧重。同时，也由于行业的不同，SERVQUAL 22 个量表用来测量消费者服务并不具有通用性（Carman，1990；Babakus，Boller，1992）。因此，SERVQUAL 中 22 个测量量表和 Bahia、Nantel（2000）针对银行业提出的 31 个测量量表不能直接用于测量中国顾客对国有银行服务质量的感知，需要对银行业零售顾客做进一步的了解和调查。

为此，本书以 SERVQUAL 量表和 Bahia、Nantel（2000）量表为参考，针对国有商业银行业提出的 25 个测量量表（表 3.7），并把 25 个测量量变作为访谈时的理论基础，对 100 名国有商业银行零售顾客进行了访谈。在访谈过程中，对顾客进行提问："您认为对于一个令您感到满意的银行，哪些银行服务特征最重要？"同时，结合已有成熟量表中的测量项目（见附录一），让被访问者选出对他们评价银行服务质量影响不大的变量。

本次访谈结果发现如下。

（1）被调查的 100 名顾客都认为："服务态度""服务效率""柜台人员办理业务的准确性"和"排队等候时间"等 4 个量表，对于衡量"一个令人感到满意的银行"是非常重要的。

（2）在 PZB（1988）和 Bahia、Nantel（2000）提出的测量项目中，一些项目在中国的银行零售顾客看来对他们评价银行服务质量的影响甚小。其中，有超过半数的被访问者认为不重要的测量项目见表 3.8。"与服务相关的材料有吸引力"对他们评价银行服务质量并不重要。另外，他们普遍反映："一般与银行员工接触比较少，银行员工不可能了解每个顾客的需求。所以对'银行员工了解顾客的需求'没有要求。"因此，该指标产生影响的作用低。同时，他们认为"员工的行为使顾客对其产生信任"与其他项目相类似。因此，可以与其他项目合并。除此之外，他们还认为目前大多数顾客还是采用传统的银行交易形式，对网络银行的使用还局限于少部分顾客。因此，他们认为不能把"网络银行的服务页面设计"作为银行评价的指标。

表 3.8 被访问者认为不重要的测量项目及其对应百分比

认为不重要的测量项目	相应人数百分比
与服务相关的材料（如宣传材料或广告词）有吸引力	96.7%
员工了解顾客的需求	73.3%
员工的行为使顾客对其产生信任	58.4%
网络银行的服务页面简单且易操作	65.7%

（3）访谈获得了一些文献中没有涉及的变量，表 3.9 是被访问者新增的感知服务质量测量项目。结果是将那些频率较低（低于40%）的表述删除后的列表。说明中国的银行零售顾客希望银行能够及时快速地处理自己的抱怨和对服务失误及时补救，并对银行的地理位置和便利的停车场所要求比较高。

表 3.9 被访问者提出的新的测量项目及其对应百分比

新增测量项目	相应人数百分比
地理位置	73.3%
便利的停车场所	56.8%
补救性服务措施及时适当	75.3%
对顾客抱怨处理及时适当	80%

通过小规模访谈的分析结果，笔者将 SERVQUAL 测量量表中的 16 个项目放入初始问卷当中并合并成 13 个项目。另外 5 个测量项目来自于 Bahia、Nantel（2000）提出的 31 个测量银行服务质量的项目（由于 31 个测量项目许多与 SERVQUAL 中重复，因此从中选出有差异的项目）。同时，在分析总结文献的基础上本书又提出 3 个项目，再加上新增的 4 个项目（从笔者的小规模访谈中获得），最终形成了本书的服务质量测量 25 个量表，见表 3.10。

表 3.10　服务质量的测量项目

变量	测量项目	序号
服务品质	设备使用方便　（PZB，1988）	1
	内外部装饰有吸引力　（PZB，1988）	2
	地理位置好**	3
	银行在营业场所设立安全保障系统*	4
	便利的停车场所**	5
	员工仪表整洁得体　（PZB，1988）	6
	自助银行和 ATM 机分布广*	7
	员工态度友好、礼貌和专业知识强　（PZB，1988）	8
	柜台人员处理业务时给人以安全感　（PZB，1988）	9
	履行对顾客的承诺　（PZB，1988）	10
	在承诺的时间内提供服务　（PZB，1988）	11
	交易过程中无出错率　（Bahia，Nantel，2000）	12
	排队等候时间短　（Bahia，Nantel，2000）	13
	服务效率高　（PZB，1988）	14
	管理人员和柜台人员愿意帮助顾客解决问题/疑问　（PZB，1988）	15
	不会因太忙而疏于响应顾客　（PZB，1988）	16
	愿意听取顾客意见　（PZB，1988）	17
	可通过电话获取所需信息　（Bahia，Nantel，2000）	18
	银行对顾客数据管理采取安全保密措施*	19
	对顾客尊重　（PZB，1988）	20
	以顾客利益为优先考虑的因素　（PZB，1988）	21
	各种业务收取服务费用合理　（Bahia，Nantel，2000）	22
	为顾客提供个性化的服务　（Bahia，Nantel，2000）	23
	补救性服务措施及时适当**	24
	对顾客抱怨处理及时适当**	25

* 表示本研究提出。

** 表示本研究通过小规模访谈得到。

本书在对服务质量的衡量上，将采纳 Parasuraman 等认为服务质量的好坏是由顾客事后对服务的认知和顾客事前对服务的期望之差距来决定的，即 $Q=P-E$。本书以顾客在使用银行后对服务质量的感知与顾客在使用银行前对服务质量的期望之差距来衡量。

二、顾客满意度测量项目产生的过程

在顾客满意度方面，综合整理国内外相关文献，本书将顾客满意度定义为顾客的购后行为的感受，它是指一种购前期望和购后实际表现的比较，若购前的预期超过实际表现，顾客会感到不满意；反之，则感到满意。本书探讨的满意度是顾客对国有商业银行各服务质量使用前的期望与使用后的认知比较而产生。另采纳 Day（1977）与 Fornell（1992）的说法，认为满意度是一项整体的、概括的现象，衡量单一的整体满意度即可。所以，在本书中，对顾客满意度的衡量为顾客对国有商业银行及对服务质量的整体概括的满意度。

此部分除了衡量顾客评估的服务质量的满意程度外，还探讨了对国有商业银行的满意程度（表3.11）。

表 3.11　顾客满意度的测量项目

变量	测量项目	序号
顾客满意度	该国有商业银行的整体表现与自己的期望接近	26
	整体而言，我对目前这家国有商业银行的服务质量感到满意	27
	整体而言，我对目前这家国有商业银行感到满意	28

三、顾客抱怨行为测量项目产生的过程

Landon（1997）、Best 和 Andreasen（1977）认为顾客抱怨行为的发生大

多源自与不满意，当顾客购买及使用了产品或服务后，可能对产品或服务感到不满意，进而产生顾客抱怨行为。本书探讨的顾客抱怨行为是指顾客在使用国有商业银行过程中，若有任何不满意时，可能采取的各种抱怨行动。

Day 和 Landon（1977）、Singh（1988）按照提出抱怨的目的将顾客抱怨行为分为三类。一是直接抱怨：向商家索要赔偿或不采取行动；二是私下抱怨：负面口碑或不再购买；第三方抱怨：采取法律行动。

因此，在本书中，将顾客抱怨行为分为四大类（表 3.12）。

（1）无行动：顾客抱怨行为产生时，不会采取任何行动。

（2）私下抱怨：顾客抱怨行为产生时，会抵制该产品或向亲友告知自己的不满。

（3）向企业抱怨：顾客抱怨行为产生时，直接向企业请求赔偿。

（4）向第三团体抱怨：顾客抱怨行为产生时，采取法律途径或向消费者组织提出申述。

表 3.12　顾客抱怨行为的测量项目

变量	测量项目	序号
顾客抱怨行为	当我感到不满意时，会向自己的亲朋好友抱怨	29
	当我感到不满意时，会向该银行抱怨	30
	当我感到不满意时，会向其他团体（如消费者协会、新闻媒体等）抱怨	31
	当我感到不满意时，不会向任何人抱怨	32

四、顾客忠诚度测量项目产生的过程

归纳各学者对顾客忠诚度的定义，本书将其定义为顾客对公司的产品或服务产生的依赖或好感。在衡量方面，则采用 Gronholdt 等（2000）的观点，将忠诚度分成四个问题，即对国有商业银行继续使用的意愿、考虑价格因素的程度、向家人或亲朋好友的推荐行为及购买同一家国有商业银行的其他金融产品。此部分共设计四个问题，各指标操作定义如下（表3.13）。

（1）再购意愿：会继续拥有并使用该国有商业银行。

（2）价格容忍度：为了维持良好的服务质量而提高交易的手续费，仍会继续使用该国有商业银行。

（3）向他人推荐：向家人或亲朋好友主动推荐的行为。

（4）交叉购买意愿：会购买同一家的其他不同的金融商品。

表 3. 13　顾客忠诚度的测量项目

变量	测量项目	序号
顾客忠诚度	在抱怨处理后，我仍原意选择这家国有商业银行	33
	为了维持良好的服务质量而提高交易手续费，我仍原意选择这家国有商业银行	34
	愿意向亲朋好友推荐此国有商业银行	35
	我愿意在此国有商业银行购买其他的金融商品	36

第四节　问卷设计

问卷设计的过程包括三个阶段。第一阶段，根据理论基础与文献探讨，决定所要采集的信息，确定所要调查的框架与项目，设计问卷内容与形式，完成问卷初稿。第二阶段则与国有商业银行零售顾客进行探讨访谈（本次访谈已在本章第三节中完成），针对问卷内容及问句形式进行修改，完成问卷的修改工作。第三阶段，在小范围内发放问卷，进行预调研。

一、问卷设计

（一）测量项目设计

本研究的调查问卷共分为六个部分，各部分测量项目的理论来源见表 3.14。

表 3.14　问卷各部分测量项目来源

部分	问卷组成	来源
一	是否使用国有商业银行	顾客
二	服务质量	PZB，1988；Bahia，Nantel，2000
三	顾客满意度	Day，1977；Fornell，1992
四	顾客抱怨行为	Day，Landon，1977；Singh，1988
五	顾客忠诚度	Gronholdt，2000
六	个人基本资料	顾客

服务质量的测量项目主要是结合国外已有研究成果，通过对国有商业银行零售顾客进行小规模访谈的基础上产生的。其中顾客满意、顾客抱怨行为，以及顾客忠诚度的测量项目，是在借鉴已有国外研究成果的基础上，结合本研究的具体情况，进行了必要的修改而形成的。

（二）测量工具设计

Berdie（1994）的研究认为，7 级量表是最可靠的，当选项超过 7 级量表时，一般人难有足够的辨别力（吴明隆，2013）。因此，本研究问卷测量主要采用 Likert 7 级量表，以便被调查人员能够合理地进行评价选择。

（三）问卷调整过程

针对问卷的内容和结构，笔者与银行员工、银行管理专家进行多次探讨，根据他们提出的宝贵意见对问卷进行修正，并根据预调研对问卷的信度进行检验，对不符合要求的测量项目直接删除。同时，还根据被调查人员做答时，对问卷编排、项目的措辞提出的意见对问卷进行修改和完善。

二、问卷预调研和分析

为检验问卷设计的一致性和稳定性，本书首先采用预调研的方式以检验问卷内容的信度。同时，通过与填答者的沟通，进一步对问卷项目的表述和措辞进行修改，最终形成质量较高的正式问卷，为本书实证分析的结果提供保障。

本书同时采用 CITC（corrected item-total correction）指针来净化测量项目，利用 Cronbach's α 系数检验问卷的信度。Cronbach's α（1951）认为 CITC 指数是判断某一条款归于特定结构变量是否具有较好的内在一致性的一个良好指示器。信度检验筛选项目的标准有两个，必须一起成立才可以删除此项目（卢纹岱，2012）。

（1）修正后项目总相关系数（每个项目得分与剩余项目得分间的相关系数，即 CITC）小于 0.3。

（2）删除此项目可以增加 α 值，即可提升整体信度。

预调研阶段共发放问卷 200 份，回收 185 份，其中有效问卷 163 份。样本分布情况为：男性 100 人，女性 100 人；年龄分布在 18 岁以上。采用 Cronbach's α 系数进行信度分析，结果显示问卷的 Cronbach's α 系数为 0.9055，说明问卷的信度非常好。表 3.15 是计算信度和 CITC 的详细过程。

从表 3.15 中可以看出，1 个测量项目"内外部装饰有吸引力"的 CITC

分别 0.2464，小于 0.3，删除此个项目后整体信度都有提高，符合删除标准，因此"内外部装饰有吸引力"予以删除。初始整体 α 系数为 0.8898，删除不符合条件的项目后，整体 α 系数为 0.9055。服务质量的测量项目由 25 个减少到 24 个。因此，在正式调查问卷中，最终采用 24 个项目来测量国有商业银行零售顾客对服务质量的感知，具体详细内容见附录二。

表 3.15　预调研服务质量的 CITC 和信度分析结果

测量项目	初始 CITC	最后 CITC	初始 α 系数	最后 α 系数
设备使用方便	0.4581	0.4559	0.8860	0.8926
内外部装饰有吸引力	0.2464	删除	0.8899	—
地理位置好	0.3728	0.3417	0.8877	0.8947
银行在营业场所设立安全保障系统	0.3623	0.3663	0.8881	0.8949
便利的停车场所	0.5389	0.5448	0.8844	0.8907
员工仪表整洁得体	0.3456	0.3891	0.8860	0.8561
自助银行和 ATM 机分布广	0.3733	0.3566	0.8876	0.8945
员工态度友好、礼貌和专业知识强	0.6793	0.6909	0.8805	0.8866
柜台人员处理业务时给人以安全感	0.5337	0.5701	0.8850	0.8907
履行对顾客的承诺	0.3517	0.3600	0.8880	0.8944
在承诺的时间内提供服务	0.4331	0.4646	0.8865	0.8924
交易过程中无出错率	0.4425	0.4625	0.8863	0.8925
排队等候时间短	0.4892	0.4706	0.8853	0.8924
服务效率高	0.5217	0.5267	0.8848	0.8912
管理人员和柜台人员愿意帮助顾客解决问题/疑问	0.3490	0.3471	0.8880	0.8946
不会因太忙而疏于响应顾客	0.3645	0.3511	0.8879	0.8946
愿意听取顾客意见	0.4114	0.4057	0.8870	0.8938
可通过电话获取所需信息	0.4856	0.5035	0.8855	0.8917
银行对顾客数据管理采取安全保密措施	0.6793	0.6909	0.8805	0.8866

测量项目	初始 CITC	最后 CITC	初始 α 系数	最后 α 系数
对顾客尊重	0.5129	0.5012	0.8848	0.8916
以顾客利益为优先考虑的因素	0.3393	0.3420	0.8883	0.8949
各种业务收取服务费用合理	0.3334	0.3156	0.8883	0.8953
为顾客提供个性化的服务	0.4745	0.4835	0.8858	0.8921
补救性服务措施及时适当	0.3185	0.3110	0.8885	0.8953
对顾客抱怨处理及时适当	0.4892	0.4633	0.8857	0.8926

第五节　抽样设计与数据汇集

一、抽样对象及抽样设计

本次调研范围主要集中在深圳，这是因为深圳是我国改革开放的窗口城市，它也是国有商业银行最早实施金融体制改革的试点城市。另外，笔者在深圳工作多年，曾多次与国有商业银行合作，有较好的调研基础。因此，基于以上的原因本研究的调研范围确定在深圳。

本研究的研究对象是深圳市 18 岁以上的国有商业银行零售顾客，采取不记名问卷调查。

决定样本大小要考虑两个因素：信心水平和抽样误差。信心水平是以百分比来表示，意为有多大的信心，可以样本来推论母群；通常是设定在 95% 或 99%，换句话说，通常是在 95% 的信心水平或是 99% 的信心水平下，由样本推论母群；而大部分的研究人员都选用 95% 的信心水平。抽样误差又称为误差容忍度，一般在媒体或是学术论文中都以正负数值来表示，如抽样误差在正负 3 个百分点以内（谢宝缓，2016）。据此，本研究设定信心水平为 95%、抽样误差在正负 3 个百分点以内，计算出所需要的样本数为 1068 份。❶ 此外，考虑到检视量表的信度时必须采用因素分析，而 Comrey（1973）建议样本数在 200 以下者不宜进行因素分析，Gorsuch（1983）则建议样本数最少为变量项数的 5 倍，且大于 100，因此本研究设定四大国有商业银行平均分发问卷 267 份，希望这四大国有商业银行回收的结果，能有超过 60% 的有效样本数。

问卷发放的时间及取样方式为 2015 年 9 月 1 日至 2015 年 9 月 30 日，在各国有商业银行银行营业厅开放时间请顾客配合作答。发放时间为一个月。问卷采取电子问卷与纸制问卷两种形式，请各国有商业银行营业厅工作人员代为发放回收。顾客采取"便利抽样"的方法，抽样时，以能够独立表达意见的顾客为目标，若有困难无法自行填写问卷时，改由银行管理人员代为填写。

二、资料汇集

问卷发放 1067 份，回收问卷 841 份，回收率为 78.8%。将不符合要求的问卷进行剔除，剔除问卷的标准主要有两个：一是剔除问卷填答不完整、漏填者，只要问卷当中任何一个测量项目未答，则将该问卷作为无效问卷剔除。二是检查填答者是否认真的填写问卷，若整个问卷选项得分之间没有显著区别，则将该问卷作为无效问卷剔除。剔除无效问卷后，得到有效问卷 721 份，有效回收率为 67.6%。回收有效样本的基本数据整理见表 3.16。

---

❶ 有关样本数的计算，可在 http://www.surveysystem.com/sscalc.htm 得到免费的计算。

表 3.16　回收有效样本的基本数据

样本的基本数据		人数/人	百分比
性别	男	398	55.2%
	女	323	44.8%
年龄	18~19 岁	9	1.2%
	20~29 岁	185	25.7%
	30~39 岁	214	29.7%
	40~49 岁	249	34.5%
	≥50 岁	64	8.9%
学历	高中及高中以下	53	7.4%
	大专	281	39.0%
	本科	285	39.5%
	硕士研究生及以上	102	14.1%
每月平均使银行的次数	0~2 次/月	45	6.2%
	3~5 次/月	301	41.8%
	6~8 次/月	275	38.1%
	9~11 次/月	63	8.7%
	12 次/月及以上	37	5.1%

　　从表 3.16 中可以看出，性别特征的比例分布比较合理，男性比例稍微高于女性比例（高 10.4%）。绝大部分被调查者的年龄分布在 20~50 岁，其中30~39 岁和 40~49 岁的样本占总体样本数的一半以上（64.2%），可能是随机抽样地点的选取造成了样本的年轻化；20 岁以下和 50 岁以上的样本数比较少，这是由于 20 岁以下的人群具有独立经济能力的人比较少，50 岁以上的人群由于老花眼的原因，所以在请求填答过程中，遭到拒绝的概率很大。学历基本呈正态分布，样本结构较理想，对调查条件总体具有代表性。每月平均使银行的次数 3~5 次和 6~8 次的顾客的样本占总体样本数的 79.9%，这

是由于在市场经济社会中，人们与银行的业务往来越来越密切。

为了解有效样本中四大国有商业银行零售顾客的分布情况，有必要对四大银行零售顾客的被调查对象进行统计，结果见表3.17。

表3.17　回收有效样本银行类型的分布

银行名称	份数	百分比
中国工商银行	264	36.6%
中国农业银行	181	25.1%
中国建设银行	173	24%
中国银行	103	14.3%

从四大国有商业银行零售顾客样本的分布来看，中国工商银行的样本数最多，中国银行的样本数最少，中国农业银行和中国建设银行的样本数分布比较合理。出现这种情况的原因可能是，目前与其他三大国有商业银行相比，中国工商银行无论在资产规模还是存、贷款比重上都处于相对垄断地位，是中国规模最大的商业银行。因此，在被调查人员当中，与中国工商银行经常进行业务交易的零售顾客占据多数。中国银行最少（占14.3%），可能原因是中国银行主要的业务集中在外汇业务上，而本研究的主要调查条件针对的是零售顾客，因而大部分被调查者与中国银行接触较少。

第六节　数据分析方法

依据研究目的及研究假设的需要，笔者主要用SPSS26.0和AMOS13.0软件通过以下统计方法描述和分析这些统计资料。

利用描述性统计方法以说明回收样本的人口统计变量（性别、年龄、受教育程度、到国有商业银行的频率）及期望服务质量、感知服务质量、顾客满意度、顾客抱怨行为，以及顾客忠诚度各项的平均分、标准差等基本情况，以便于了解顾客对国有商业银行的评价。

利用配对样本的 T 检验来检验国有商业银行顾客期望的服务质量与感知的服务质量之间有无显著差异。

信度是指衡量工具的可信赖性、稳定性、一致性与精确性等，对于调查问卷中描述相同指标的问题，只有当它们的答案相同或是相近时，其度量才是可靠的。本研究对问卷的各因子进行了信度分析。

效度是指衡量工具是否能真正衡量到研究者想要衡量的问题。效度可分为三类：内容效度、效标关联效度、建构效度，其中建构效度是最重要的效度指标。对建构效度的测量是采用因子分析中的主成分分析法，选用方差极大转轴法，并选择了显示 KMO 测度和巴特利特球体检验结果，以确认资料是否适宜做因子分析。本研究分别对服务质量、顾客满意度、顾客忠诚度及顾客抱怨行为进行了因子分析。

相关分析主要是研究变量之间的密切程度，相关系数则是描述这种线形关系程度和方向的统计量。本研究用相关分析来判断服务质量的关怀性、保证性、反应性、可靠性、有形性、可接触性各因子与顾客满意度相关关系；服务质量的关怀性、保证性、反应性、可靠性、有形性、可接触性各因子与顾客忠诚度的相关关系；顾客满意度与忠诚度的相关关系；满意度与顾客抱怨行为的相关关系；顾客抱怨行为与顾客忠诚度的相关关系。

回归分析是用自变量建立回归方程来预测与因变量的相关程度的分析，因为在相关分析后并不能确定这些不同的程度。因此，要判断哪些因素是导致因变量变化的解释变量，以及这种影响的大小和方向。本研究采用逐步回归分析方法，以研究国有商业银行使用者的忠诚度受哪些因素的影响，以及影响的大小和方向，建立顾客忠诚度的模型。

由于回归分析（或更一般的路径分析）研究的是显变量之间的关系，若研究的是不能准确、直接地测量的变量时，传统的统计分析方法（如回归分析）常用的做法是"化潜为显"，先设计若干指针去间接测量潜变量，通过指针的观测值"产生"出潜变量的观测值，然后将潜变量当作显变量进行回归分析。但是，这样做的缺点是没有将测量误差与变量之间的关系同时考虑进去，在许多情况下据此得到的统计结果可能很不精确，甚至是错误的。结构方程模型则能同时处理潜变量及其指针（侯杰泰等，2014）。其次，当存在多个因变量需要回归且因变量之间存在相关关系时，传统方法往往显得无能为力。针对这些问题，结构方程模型都可以解决。

结构方程模型有以下优点（Bollen，Long，1993，转引自：侯杰泰等，2014）：同时处理多个因变量；容许自变量和因变量含测量误差；同时估计因子结构和因子关系；容许更大弹性的测量模型；估计整个模型的拟合程度。

第七节　本章小结

在文献综述的基础上，本章对研究进行设计，对各变量进行测量，具体内容概括如下。

第一，在总结前人的研究成果的基础上，结合国有商业银行特征，本书提出了一个研究国有商业银行服务质量、顾客满意度、顾客抱怨行为及顾客忠诚度的模型。

第二，本章根据本文研究的问题与目的、文献探讨以及研究框架，建立国有商业银行服务质量、顾客满意度、顾客抱怨行为，顾客忠诚度等各变量间关系的研究假设。

第三，本章对各变量进行定义说明。

第四，问卷设计。问卷设计的过程包括三个阶段：第一阶段，根据理论基础与文献探讨，决定所要采集的信息，确定所要调查的框架与项目，设计问卷内容与形式，完成问卷初稿。第二阶段则与专家、银行员工，以及国有商业银行用户进行探讨访谈，针对问卷内容及问句形式进行修改，完成问卷的修改工作。第三阶段，在小范围内发放问卷，进行预调研。最终确定研究变量。

　　第五，抽样设计与数据汇集。首先确定抽样对象及抽样设计。其次，进行数据汇集与分析。

　　第六，数据分析方法。本研究依据研究目的及研究假设的需要，笔者主要用 SPSS26.0 软件和 AMOS13.0 软件通过以下统计方法描述和分析这些统计资料。

第四章 分析与结果

本章主要以 SPSS26.0 统计软件对统计数据进行分析，以 AMOS13.0 软件进行结构方程模型分析，进一步检验本研究提出的假设。首先对样本进行描述性统计分析，其次进行问卷效度和信度分析，以及利用相关分析、回归分析方法，最后进行结构方程模型分析，建立顾客忠诚度模型。

第一节 各研究变量的描述性分析

本研究各变量的问项，其选项根据 Likert 7 点量表将同意程度分为 7 个等级，1 代表程度极低，逐级增高，7 代表程度最高，可让受访者都能充分表达其认知情形。问项的平均分数越高则表示对此题认同程度越高，标准差越大表示受访者对此题看法越不一致。以下分别计算每一问项的平均数与标准差，在予以比较分析。

一、针对全体受访者

顾客在使用国有商业银行之前，会对国有商业银行的服务质量产生事前的心理预期，表 4.1 即为受访者在服务质量的 24 个问项上的平均分数。整体平均分数为 4.97，而期望程度最高的前三项为关于员工态度、交易准确性和各种业务收取服务费用合理，最低的三项为银行的停车场所、为顾客提供个性化的服务和员工仪表整洁得体。大部分问项的平均分在 5 分左右，显示受访者对国有商业银行在使用前的预期基本上属于正向的。另外，各问项的标准差都在 1 分以下，显示受访者对国有商业银行在使用前的预期看法比较一致。

表 4.1　顾客使用前对服务质量的预期情况

细分项目	均值/分	标准差/分	排序
7. 员工态度友好、礼貌和专业知识强	5.51	0.73	1
11. 交易过程中无出错率	5.44	0.69	2
21. 各种业务收取服务费用合理	5.38	0.64	3
13. 服务效率高	5.34	0.61	4
6. 自助银行和 ATM 机分布广	5.33	0.60	5
10. 在承诺的时间内提供服务	5.24	0.52	6
1. 设备使用方便	5.21	0.49	7
19. 对顾客尊重	5.19	0.47	8
20. 以顾客利益为优先考虑的因素	5.16	0.44	9
2. 地理位置好	5.14	0.41	10
16. 愿意听取顾客意见	5.13	0.4	11
9. 履行对顾客的承诺	5.10	0.36	12
8. 柜台人员处理业务时给人以安全感	5.08	0.33	13
24. 对顾客抱怨的处理及时适当	5.07	0.32	14
12. 排队等候时间短	5.06	0.30	15
14. 管理人员和柜台人员愿意帮助顾客解决问题/疑问	5.02	0.22	16
18. 银行对顾客数据管理采取安全保密措施	5.01	0.20	17
23. 补救性服务措施及时适当	5.00	0.17	18
3. 银行营业场所设立安全保障系统	4.53	0.67	19
15. 不会因太忙而疏于响应顾客	4.36	0.78	20
17. 可通过电话获取所需信息	4.35	0.79	21

细分项目	均值/分	标准差/分	排序
4. 便利的停车场所	4.29	0.82	22
22. 顾客提供个性化的服务	4.21	0.87	23
5. 员工仪表整洁得体	4.20	0.88	24
整体	4.97	0.73	——

二、使用后感知的服务质量

顾客在使用国有商业银行之后，会实际感受到国有商业银行各项服务质量的表现，由表4.2可知，使用后的整体平均分数为4.62，前三项与期望的服务质量的前三项相同并没有发生变化，得分最低的三项为：银行对顾客数据管理采取安全保障措施、银行在营业场所设立安全保障系统，以及排队等候时间短，各问项的标准差均在1分以下，显示受访者在使用后的评价上比较一致。

表4.2　顾客使用后对服务质量的感知情况

细分项目	均值/分	标准差/分	排序
11. 交易过程中无出错率	5.59	0.98	1
7. 员工态度友好、礼貌和专业知识强	5.51	0.73	2
21. 各种业务收取服务费用合理	5.38	0.87	3
13. 服务效率高	5.38	0.87	4
10. 在承诺的时间内提供服务	5.25	0.79	5
6. 自助银行和 ATM 机分布广	5.18	0.46	6
1. 设备使用方便	5.19	0.75	7
19. 对顾客尊重	5.16	0.43	8
20. 以顾客利益为优先考虑的因素	5.15	0.42	9

续表

细分项目	均值/分	标准差/分	排序
2. 地理位置好	5.10	0.69	10
16. 愿意听取顾客意见	5.09	0.67	11
9. 履行对顾客的承诺	5.07	0.67	12
8. 柜台人员处理业务时给人以安全感	5.03	0.64	13
24. 对顾客抱怨的处理及时适当	5.01	0.62	14
14. 管理人员和柜台人员愿意帮助顾客解决问题/疑问	4.95	0.57	15
23. 补救性服务措施及时适当	4.79	0.41	16
17. 可通过电话获取所需信息	4.70	0.28	17
22. 为顾客提供个性化的服务	4.65	0.17	18
15. 不会因太忙而疏于响应顾客	4.29	0.57	19
5. 员工仪表整洁得体	4.42	0.45	20
4. 便利的停车场所	4.19	0.66	21
12. 排队等候时间短	3.97	0.81	22
18. 银行对顾客数据管理采取安全保障措施	3.97	0.81	23
3. 银行在营业场所设立安全保障系统	3.89	0.85	24
整体	4.62	0.79	—

三、顾客满意程度方面

由表4.3得知，整体平均分数为4.79，受访者对"该银行的整体表现与自己的期望接近"感到最满意，其次为"整体而言，我对目前这家银行的服务质量感到满意"，最后为"整体而言，我对目前这家银行感到满意"，三项的平均分均在4.7以上，说明顾客的满意水平达到了一定的程度。

表 4.3　顾客满意程度

问项	均值/分	标准差/分	排序
25. 该银行的整体表现与自己的期望接近	4.87	0.98	1
26. 整体而言，我对目前这家银行的服务质量感到满意	4.80	0.06	2
27. 整体而言，我对目前这家银行感到满意	4.71	0.03	3
整体	4.79	0.57	—

四、顾客抱怨行为方面

顾客抱怨行为这部分由四个问项构成。由表 4.4 可知，整体平均分为 3.88，这表明顾客没有强烈的采取顾客抱怨行为的意向。当受访者对主要国有商业银行有不满意时，每一种抱怨渠道都可能发生，其中最可能采取的顾客抱怨行为是"向亲朋好友抱怨"，然后是"向该银行系统抱怨"，最后是"不会向任何人抱怨"。由此我们也可以看出，当有不满意发生时，顾客更习惯向自己周围的人抱怨，而不习惯向团体倾诉自己的不满。

表 4.4　顾客抱怨行为的情况

问项	均值/分	标准差/分	排序
28. 当我感到不满意时，会向自己的亲朋好友抱怨	4.75	1.46	1
29. 当我感到不满意时，会向该银行抱怨	4.16	1.27	2
30. 当我感到不满意时，会向其他团体（如消费者协会、新闻媒体等）抱怨	3.59	1.01	3
31. 当我感到不满意时，不会向任何人抱怨	3.03	1.14	4
整体	3.88	1.23	—

五、顾客忠诚度方面

在顾客忠诚度方面，共有再购意愿、价格容忍度、向他人推荐、交叉购买意愿四个问项，由表4.5得知，受访者对自己最主要往来的国有商业银行的忠诚度，整体平均分数为4.51，其中以继续使用的认可程度最高，其次为交叉购买，最后时价格的容忍度。由此可以看出国有商业银行的使用者对价格还是比较在意的，应引起各银行的注意。

表4.5　顾客的忠诚情况

问项	均值/分	标准差/分	排序
32. 我会继续使用该国有商业银行	5.44	0.98	1
33. 为了维持良好的服务质量而提高交易手续费，我仍愿意选择该国有商业银行	4.29	1.37	2
34. 愿意向亲朋好友推荐该国有商业银行	4.27	1.34	3
35. 我愿意在该国有商业银行购买其他的金融商品	4.04	1.50	4
整体	4.51	1.31	—

第二节　效度与信度分析

一、服务质量的效度与信度分析

本书根据PZB 1991年重新修正的SERVQUAL量表为基础，在文献整理的基础上，再结合国有商业银行的特性，整理并提出6个影响服务质量的因子，以24个问项进行测量（表4.6）。

本节将对服务质量进行因子分析，在进行因子分析前，先对服务质量的涉及6个测量维度的24个问题进行KMO测度和巴特利特球体检验，以验证服务质量是否适合做因子分析。输出结果见表4.7。

表 4.6 服务质量 6 因子 24 个测量问项汇总

因子	因子对应的测量量表	序号
有形性	设备使用方便	1
	地理位置好	2
	员工仪表整洁得体	5
	便利的停车场所	4
可靠性	履行对顾客的承诺	9
	在承诺的时间内提供服务	10
	交易过程中无出错率	11
反应性	管理人员和柜台人员愿意帮助顾客解决问题/疑问	14
	不会因太忙而疏于响应顾客	15
	愿意听取顾客意见	16
	补救性服务措施及时适当	23
	对顾客抱怨处理及时适当	24
保证性	员工态度友好、礼貌和专业知识强	7
	柜台人员处理业务时，给顾客以安全感	8
	服务效率高	13
	对顾客尊重	19
	银行对顾客数据管理采取安全保密措施	18
	银行在营业场所设立安全保障系统	3
关怀性	各种业务收取服务费用合理	21
	为顾客提供个性化的服务	22
	排队等候时间短	12
	以顾客利益为优先考虑的因素	20
可接触性	可以通过电话获取所需信息	17
	自助银行和 ATM 机分布广	6

表 4.7 服务质量 KMO 测度和巴特利特球体检验结果

KMO 样本测度		0.774
巴特利特球体检验	近似卡方分布 Approx. Chi-Square	349.222
	自由度 df	66
	显著性 Sig.	0.000

KMO 越接近于 1，越适合做公共因子分析。若 KMO 过小，则不适合做因子分析。资料是否适合做因子分析，一般采用如下主观判断：KMO 在 0.9 以上非常适合；0.8~0.9 很适合；0.7~0.8 适合；0.6~0.7 不太适合；0.5~0.6 很勉强；0.5 以下不适合。表 4.7 结果显示的 KMO 值为 0.774，该资料适合做因子分析。同时，表中巴特利特球体检验的 x^2 统计值的显著性概率 Sig. 是 0.000，小于 0.01，说明资料具有相关性，适宜做因子分析。

运用 SPSS26.0 软件进行因子分析（表 4.8），重新组合为 6 个服务质量的因子，分别命名为"有形性""可靠性""反应性""保证性""关怀性"及"可接触性"，如此可以更简单、有效地放映原有地全部信息。具体分析如下：

（1）因子 1：关怀性。

此因子指银行服务以顾客为中心、从顾客角度考虑，并为提供顾客关怀性的服务。例如，以顾客利益为优先考虑的因素、提供个性化服务、各种业务收取服务费用合理，以及排队等候时间短等 4 问项。其共同特征是了解顾客的需要，能够从方便顾客的角度去考虑问题、解决问题，满足不同顾客的不同需要，尽最大可能地去关心顾客，因为其测量项目和原"关怀性"层面基本相同，因此仍将其命名为"关怀性"。

（2）因子 2：保证性。

此因子是指银行具备服务所需的专业知识和能力，并保证向顾客提供服务的可信性和安全性。例如，员工态度友好、礼貌和专业知识强、柜台人员处理业务时，给顾客以安全感、服务效率高、对顾客尊重、银行对顾客数据管理采取安全保密措施，以及银行在营业场所设立安全保障系统等6个问项。它们的共同特征是用自己的专业性和礼貌，来获取顾客的信任。其中，后两个问项是笔者在文献阅读的基础上，考虑国有商业银行的特殊性而加入的因子，经过因子分析也证实了这个因子是存在的、有意义的。

（3）因子3：可接触性。

此因子包含可通过电话获取服务及自助银行和ATM机分布广2个问项。其共同特征是衡量顾客接触国有商业银行的便捷性和互动性，以及可操作性。其中，后一个问项也是笔者在文献阅读的基础上，考虑国有商业银行的特殊性而加入的一个因子，经过因子分析也证实了这个因子是存在的、有意义的。

（4）因子4：可靠性。

此因子为国有商业银行是否具有可靠且正确的提供所承诺服务的能力。此因子包括履行对顾客的承诺、在承诺的时间内提供服务，以及交易过程中无出错率等3个问项。其共同特征是银行能够可靠准确地执行承诺的服务，不会失信顾客，顾客使用该银行能够顺利地办理各项业务，因其测量项目与原"可靠性"层面基本相同。因此，仍将其命名为"可靠性"。

（5）因子5：有形性。

此因子为国有商业银行所提供的服务环境、服务工具，以及服务人员的仪表等。它具体包括设备使用方便、地理位置好、员工仪表整洁得体，以及便利的停车场所。其共同特征是对国有商业银行为保证交易的进行所提供的服务工具的衡量，考察服务工具的质量，其测量项目与原"有形性"层面基本相同。因此，仍将其命名为"有形性"。

（6）因子6：反应性。

此因子指银行服务人员对顾客的要求快速反应并向顾客提供热忱、及时的服务。它具体包括补救性服务措施的处理及时适当、补救性服务措施及时适当、管理人员和柜台人员愿意帮助顾客解决问题/疑问、不会因太忙而疏于响应顾客，以及愿意听取顾客意见等 5 个问项。其共同特征是当顾客出现问题时，国有商业银行能够立即帮助顾客解决这些问题，而且表现出强烈的帮助顾客的意愿，有很多沟通渠道可以让顾客反映自己的问题，因为其测量项目和原"反应性"层面基本相同，因此仍将其命名为"反应性"。

由上面的分析，我们可以得出结论：服务质量可分为关怀性、保证性、可接触性、可靠性、有形性及反应性 6 个因子，并且这 6 个因子解释了总体方差变异的 68.81%，这说明用设想中所列的量表项目去测量服务质量的构思是合理的，测量的结构效度是符合要求的。

表 4.8 最右侧的"α值"是测量问卷信度的一个指标，也称为问卷的可靠性或内部一致性。在这里我们采用 Cronbach 内部一致性系数（α系数）来分析信度。Cronbach's α系数介于 0 到 1 之间，α值越大，表示信度越高，代表其内部一致性越高，显示所衡量的各变量之间的相关程度越大，即受访者对于衡量变量中问项的反应的一致性程度越高，而该因素越足以代表该部分的变量。根据 Guieford（1995）的建议，信度系数若大于 0.7 表示信度相当高，当系数介于 0.7 与 0.35 之间时表示信度尚可，若小于 0.35 则信度低。

从测量结果来看，服务质量的测量信度较高，6 个公因子的"α值"都超过了 0.7，说明本研究资料的一致性程度较高，且内部结构良好，研究抽样所取得资料的有效性满足研究的要求。

表 4.8　服务质量的因子负荷

因子	问卷题号	因子负荷						α 值
		因子 1	因子 2	因子 3	因子 4	因子 5	因子 6	
关怀性	12	0.89	0.10	0.11	0.09	0.15	0.06	0.906
	20	0.82	0.00	0.29	0.09	0.15	−0.03	
	21	0.70	0.32	0.03	0.12	0.16	0.10	
	22	0.67	0.18	0.15	0.29	0.05	0.12	
保证性	3	0.05	0.82	0.10	0.08	0.14	0.20	0.858
	7	0.23	0.70	0.26	0.06	0.19	0.07	
	8	0.36	0.69	0.24	−0.04	0.11	0.15	
	13	0.21	0.66	−0.04	0.21	0.29	−0.06	
	18	0.16	0.59	0.02	0.35	0.06	0.25	
	19	0.11	0.57	0.43	0.14	0.01	0.29	
可接触性	6	0.26	0.12	0.77	0.07	0.17	−0.01	0.821
	17	−0.12	0.30	0.65	0.34	0.22	0.06	
可靠性	9	0.22	0.12	0.19	0.54	0.08	0.15	0.768
	10	0.48	0.13	0.12	0.65	0.09	−0.01	
	11	0.23	0.25	0.45	0.86	0.11	0.12	
有形性	1	0.11	0.22	0.35	0.17	0.62	0.14	0.715
	3	0.00	0.24	0.17	0.30	0.73	−0.01	
	4	0.22	0.10	0.20	0.04	0.64	0.15	
	5	0.26	0.28	0.19	−0.13	0.56	0.31	
反应性	14	0.27	0.07	0.33	0.08	0.31	0.51	0.709
	15	0.39	0.37	0.12	0.20	0.60	0.42	
	16	0.35	0.17	−0.04	0.29	0.42	0.54	
	23	0.16	0.19	0.13	0.05	0.06	0.81	
	24	0.15	0.14	0.05	0.10	0.18	0.82	

续表

因子	问卷题号	因子负荷						α值
		因子1	因子2	因子3	因子4	因子5	因子6	
特殊值		4.09	3.50	2.99	2.00	1.97	1.96	
方差贡献百分比		17.04	14.60	12.46	8.32	8.22	8.17	—
累积方差贡献百分比		17.04	31.64	44.10	52.42	60.64	68.81	

二、顾客满意度的效度与信度分析

此部分问卷仅包含3个测量问项，都是用来测量顾客满意因子，对这3个顾客满意的测量问项进行因子分析。首先进行因子分析的适合性检验（表4.9），检验结果为：样本 KMO 值为 0.795，这说明样本数据之间具有相关性；巴特利特球体的 x^2 统计值的显著性为 0.000，小于 0.01，这也说明该组资料具有很高的相关性，适合做因子分析。

表 4.9 顾客满意度 KMO 测度和巴特利特球体检验结果

KMO 样本测度		0.795
巴特利特球体检验	近似卡方分布 Approx. Chi-Square	135.836
	自由度 df	15
	显著性 Sig.	0.000

由表 4.10 可以得知，顾客满意的3个测量项目产生了一个公因子，即为"顾客满意度"，该结构与原来的构思相吻合。并且解释了总体方差变异的82.48%。这说明由设想中所列的量表项目去测量顾客满意度的构思是合理的，测量的结构效度是符合要求的。

表 4.10　顾客满意度的因子负荷

问　项	因子负荷
27. 整体而言，我对目前银行感到满意	0.86
25. 该银行的整体表现与自己的期望接近	0.84
26. 整体而言，我对目前银行的服务质量感到满意	0.77
累计解释总体方差变异	82.48%

　　与前文一致，在此仍采用 Cronbach 内部一致性系数（α 系数）来分析信度。经过计算，顾客满意度的 α 系数为 0.894，这说明顾客满意量表具有很高的一致性程度且内部结构良好。

三、顾客抱怨行为的效度与信度分析

　　此部分问卷仅包含 4 个测量问项，都是用来测量顾客抱怨行为因子，对这 4 个顾客抱怨行为的测量问项进行因子分析。首先进行因子分析适合性检验，具体见表 4.11。

表 4.11　顾客抱怨行为 KMO 测度和巴特利特球体检验结果

KMO 样本测度		0.795
巴特利特球体检验	近似卡方分布 Approx. Chi-Square	135.836
	自由度 df	15
	显著性 Sig.	0.000

　　检验结果为：样本 KMO 值为 0.795，说明样本数据之间具有相关性；巴特利特球体的 x^2 统计值的显著性为 0.000，小于 0.01，这也说明该组资料具有很高的相关性，是适合做因子分析的。

　　由表 4.12 可以得知，顾客抱怨行为的 4 个测量问项产生了 1 个公因子，即为"顾客抱怨行为"，该结构与原来的构思相吻合。并且解释了总体方差变异的 55.44%。这说明由设想中所列的量表项目去测量顾客抱怨行为的构思是合理的，测量的结构效度是符合要求的。

表 4.12　顾客抱怨行为的因子负荷

问　项	因子负荷
31. 当我感到不满意时，不会向任何人抱怨	0.845
28. 当我感到不满意时，会向自己的亲朋好友抱怨	0.776
29. 当我感到不满意时，会向该银行系统抱怨	0.679
30. 当我感到不满意时，会向其他团体（如消费者协会、新闻媒体等）抱怨	0.661
累计解释总体方差变异	55.44%

与前文一致，在此我们仍采用 Cronbach 内部一致性系数（α 系数）来分析信度。经过计算，顾客抱怨行为的 Cronbach's α 系数为 0.729，这说明顾客抱怨行为量表具有很高的一致性程度且内部结构良好。

四、顾客忠诚度的效度与信度分析

此部分问卷包含 4 个测量项目，都是用来测量顾客忠诚度因子，对这 4 个顾客忠诚度的测量问项进行因子分析。首先进行因子分析的适合性检验，具体见表 4.13。

检验结果为：样本 KMO 值为 0.798，这说明样本数据之间具有相关性；巴特利特球体的 χ^2 统计值的显著性为 0.000，小于 0.01，这也说明该组资料具有很高的相关性，适合做因子分析。

表 4.13　顾客忠诚度 KMO 测度和巴特利特球体检验结果

KMO 样本测度		0.798
巴特利特球体检验	近似卡方分布 Approx. Chi-Square	135.836
	自由度 df	20
	显著性 Sig.	0.000

由表 4.14 可以得知，顾客忠诚度的 4 个测量项目产生了一个公因子，即为"顾客忠诚度"，该结构与原来的构思相吻合。并且解释了总体方差变异的 62.09%。这说明由设想中所列的量表问项去测量顾客忠诚度的构思是合理的，测量的结构效度是符合要求的。

表 4.14　顾客忠诚度的因子负荷

问　项	因子负荷
32. 在抱怨处理后，我会继续使用该银行	0.839
33. 为了维持良好的服务质量而提高交易手续费，我仍愿意选择该银行	0.830
34. 愿意向亲朋好友推荐此银行	0.759
35. 我愿意在该银行购买其他的金融商品	0.725
整体	62.09%

与前文一致，在此我们仍采用 Cronbach 内部一致性系数（α 系数）来分析信度。经过计算，顾客满意的 Cronbach's α 系数为 0.781，这说明顾客满意量表具有很高的一致性程度且内部结构良好。

第三节　服务质量与感知服务质量的差异分析

此部分主要是研究顾客在使用国有商业银行之前期望的服务质量与使用后感知的服务质量是否存在显著性差异。

H1：期望的服务质量与感知的服务质量无显著差异。

由于期望的服务质量与感知的服务质量是由同一位使用者在问卷上顺序测量的，属于配对样本，根据研究变量定义，服务质量＝"使用者感知的服务质量"－"使用者期望的服务质量"，故采用配对样本的 T 检验（Paired Samples Test）来检验假设 H1，检验结果见表 4.15。

表 4.15　期望与感知服务质量的差异分析

问　项	均值	标准差	显著性
1. 设备使用方便	−0.02	0.07	0.39
2. 地理位置好	−0.04	0.08	0.34
3. 银行营业场所设立安全保障系统	−0.41	0.08	0.00
4. 便利的停车场所	−0.10	0.09	0.16
5. 员工仪表整洁得体	−0.13	0.07	0.12
6. 自助银行和 ATM 分布广	0.00	0.09	0.50
7. 员工态度友好、礼貌和专业知识强	0.10	0.07	0.71
8. 柜台人员处理业务时给人以安全感	−0.05	0.09	0.30
9. 履行对顾客的承诺	−0.03	0.08	0.37
10. 在承诺的时间内提供服务	0.01	0.08	0.54
11. 交易过程中无出错率	0.15	0.07	1.00
12. 排队等候时间短	−0.37	0.10	0.00
13. 服务效率高	0.04	0.07	0.61
14. 管理人员和柜台人员愿意帮助顾客解决问题/疑问	−0.07	0.08	0.33
15. 不会因太忙而疏于响应顾客	−0.08	0.10	0.27
16. 愿意听取顾客意见	−0.04	0.06	0.60
17. 可通过电话获取所需信息	−0.39	0.09	0.00
18. 银行在顾客数据管理采取安全保密措施	−0.38	0.08	0.00
19. 对顾客尊重	−0.03	0.07	0.43
20. 以顾客利益为优先考虑的因素	−0.01	0.06	0.51

问　项	均值	标准差	显著性
21. 各种业务收取服务费用合理	0.00	0.08	0.48
22. 为顾客提供个性化的服务	−0.24	0.09	0.00
23. 补救性服务措施及时适当	−0.21	0.08	0.01
24. 对顾客投诉处理及时适当	−0.06	0.08	0.42
整体	−0.17	0.03	0.001

检验结果显示使用者对国有商业银行服务质量的期望与感知，有显著性差异（Sig. < 0.01）。

整体上，使用者对国有商业银行服务质量的感知水平（总题项感知的平均值）与使用者对国有商业银行服务质量的期望水平（总题项期望的平均值），有显著性差异（Sig. < 0.01），故假设 H1 不成立。

除个别测量项目，使用者感知的服务质量水平大于使用者期望的服务质量水平外，其余服务质量平均值皆为负数，即 PZB 模式中的缺口普遍在国有商业银行业中存在，国有商业银行尚有很大的改善空间。

在所有测量项目中，有关交易过程中无出错率、员工态度友好礼貌、专业知识强、各种业务收取服务费用合理、在承诺的时间内提供服务、服务效率高、服务网点和 ATM 机分布广等测量项目具有正向的感知，反映了国有商业银行在这几个方面的建设是成功的。而在可通过电话获取所需信息上差距最大，其次为银行对顾客数据管理采取安全保密措施、员工仪表整洁得体、排队等候时间短、为顾客提供个性化的服务，以及补救性服务措施及时适当。

第四节　顾客忠诚度模型研究

根据本研究的构思，在本节主要是针对国有商业银行零售顾客建立顾客忠诚度模型，顾客忠诚度模型如图 4.1 所示，下面将采用相关分析、回归分析，以及结构方程来验证此模型。

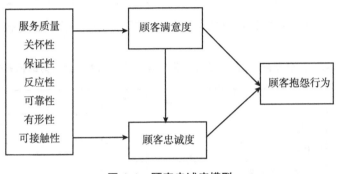

图 4.1　顾客忠诚度模型

一、相关分析

相关分析是一种常见的用于研究变量之间不确定关系的统计方法。所谓不确定关系是指不能确定两个变量之间哪个是因，哪个是果。相关系数则是描述这种线性相关程度的统计量，通常采用 Pearson 相关系数分析。Pearson 相关系数用于反映刻度级变量的相关程度。本研究的相关分析采用 Pearson 相关分析法，结果见表 4.16。

（一）服务质量与顾客满意度的相关分析

服务质量各因子与顾客满意度之间的相关关系见表 4.16。由表 4.16 可以得知，服务质量的关怀性、保证性、可接触性、可靠性、有形性及反应性因子都与顾客满意度两两成强正相关关系。第一，是服务质量可靠性因子与顾客满意度之间的 Pearson 相关系数（0.571），它最大。第二，是可接触性与顾客满意度的 Pearson 相关系数（0.453）。第三，是关怀性与顾客满意度的 Pearson 相关系数（0.417）。第四，是保证性与顾客满意度的 Pearson 相关系数（0.309）。第五，是有形性与顾客满意度的 Pearson 相关系数（0.286）。第六，是反应性与顾客满意度的 Pearson 相关系数（0.275）。前四个相关系数明显大于后两个因子与顾客满意度的相关系数，这表明服务质量的可靠性、可接触性、关怀性和保证性这四个因子与顾客满意度的相关性更强。

表 4.16　服务质量、顾客满意度、顾客忠诚度、顾客抱怨行为的相关分析

变数	1	2	3	4	5	6	7	8	9
关怀性	1								
保证性	0.104**	1							
可接触性	0.167**	0.108**	1						
可靠性	0.121**	0.205**	0.106**	1					
有形性	0.216**	0.139**	0.107**	0.124**	1				
反应性	0.247**	0.132**	0.123**	0.148**	0.189**	1			
顾客满意度	0.417**	0.309**	0.453**	0.571**	0.286**	0.275**	1		
顾客忠诚度	0.326**	0.307**	0.274**	0.365**	0.217**	0.348**	0.577**	1	
顾客抱怨行为	0.135*	0.123*	0.145**	0.183**	0.145**	0.128**	-0.075**	-0.302**	1

＊表示在 0.05 的水平上显著；＊＊表示在 0.01 的水平上显著。

（二）服务质量与顾客忠诚度的相关分析

由表 4.16 可以得知，服务质量的 6 个因子关怀性、保证性、可接触性、可靠性、有形性及反应性与顾客忠诚度在 0.01 的显著水平上两两成正相关关系。第一，可靠性与顾客忠诚度的 Pearson 相关系数最大为 0.365，这可以看

出服务质量在可靠性方面与忠诚度的相关性最强。第二是反应性与顾客忠诚度的 Pearson 相关系数（0.348）。第三是关怀性与顾客忠诚度的 Pearson 相关系数（0.326）。第四是保证性与顾客忠诚度的 Pearson 相关系数（0.307）。第五，是可接触性与顾客忠诚度的 Pearson 相关系数（0.274）。第六，是有形性与顾客忠诚度的 Pearson 相关系数（0.217）。前四个相关系数明显大于后两个因子与顾客忠诚度的相关系数，这表明服务质量的可靠性、反应性、关怀性和保证性这 4 个因子与顾客忠诚度的相关性更强。

（三）服务质量与顾客抱怨行为的相关分析

由表 4.16 可以得知，服务质量的 6 个因子关怀性、保证性、可接触性、可靠性、有形性及反应性与顾客抱怨行为得到的 Pearson 相关系数都小于 0.3。因此，服务质量与顾客抱怨行为无显著相关关系。

（四）顾客满意度与忠诚度的相关分析

顾客满意度与忠诚度的相关关系见表 4.16。由表 4.16 可以得知，顾客满意度与忠诚度在 0.01 的水平上呈正相关。顾客满意度与忠诚度的 Pearson 相关系数为 0.577，两者的相关性很强。也就是说，满意度较高的顾客，它的忠诚度也很高。

（五）顾客满意度与顾客抱怨行为的相关分析

对顾客满意度与顾客抱怨行为进行相关分析（表 4.16）。由表 4.16 可以得知，得到 Pearson 相关系数为 −0.075。因此，顾客满意度与顾客抱怨行为无显著相关关系。也就是说，顾客满意度水平高，并不能说明顾客的顾客抱怨行为低，而且两者之间没有显著的负向关系。

（六）顾客抱怨行为与顾客忠诚度的相关分析

由表 4.16 可以得知，顾客抱怨行为与顾客忠诚度在 0.01 的水平上呈显著负相关关系，顾客抱怨行为与顾客忠诚度 Pearson 相关系数为 -0.302。

二、回归分析

相关分析仅仅判断了各因素之间是否存在关系、紧密程度与方向，回归分析则可进一步指出关系的方向，并能进一步说明各因素之间是否存在因果关系。

由本节的相关分析，我们可以得知：服务质量的关怀性、保证性、可接触性、可靠性、有形性及反应性各因子与顾客满意度、顾客忠诚度均显著相关，顾客满意度与顾客忠诚度显著相关，顾客抱怨行为与顾客忠诚度显著相关。而服务质量的关怀性、保证性、可接触性、可靠性、有形性及反应性各因子与顾客抱怨行为的相关性不显著，因此不对其进行回归分析。另外，顾客满意度与顾客抱怨行为的相关性不显著。因此，不对其进行回归分析，顾客抱怨行为在顾客满意度与顾客忠诚度之间也不存在中介作用。接下来将对存在显著相关关系的变量进行回归分析，对变量之间的因果关系进行验证。

（一）服务质量各因子对顾客满意度的回归分析

从本节的相关分析已经得知，服务质量的 6 个因子中，关怀性、保证性、可接触性、可靠性、有形性及反应性都与顾客满意度存在正相关关系。其中，关怀性、保证性、可接触性，以及可靠性这四个相关系数大于 0.3，它们与顾客满意度的相关关系为显著相关。而有形性和反应性这两个因子与顾客满意度的相关系数均小于 0.3，表明这两个因子与顾客满意度的相关性不显著。

因此，我们令被解释变量为顾客的满意度，解释变量为服务质量的 4 个因子：关怀性、保证性、可接触性，以及可靠性，做多元逐步回归分析。具体见表 4.17。

表 4.17　服务质量对满意度的回归分析

模型	进入回归模型顺序	非标准回归系数	标准回归系数	T 值	判定系数 R^2	调整判断系数 R^2	F 值
1	常数项	4.738	—	110.552**	0.326	0.324	151.785**
	可靠性	0.545	0.571	12.320**			
2	常数项	4.783	—	109.527**	0.355	0.351	86.228**
	可靠性	0.44	0.461	8.533**			
	可接触性	0.185	0.204	3.776**			
3	常数项	4.793	—	109.594**	0.364	0.358	59.458**
	可靠性	0.388	0.4707	6.809**			
	可接触性	0.169	0.188	3.429**			
	关怀性	0.104	0.113	2.042**			
4	常数项	4.794	—	110.369**	0.375	0.366	46.556**
	可靠性	0.414	0.434	7.175**			
	可接触性	0.207	0.227	4.002**			
	关怀性	0.140	0.151	2.641**			
	保证性	0.126	0.135	2.315**			

＊表示在 0.05 的水平上显著；＊＊表示在 0.01 的水平上显著。

由表 4.17 可以得知，第四步回归方程能解释总变差 36.6%。第四步回归 $F=46.556$，在 0.01 的水平上显著，表示可以根据服务品质的可靠性、可接触性、关怀性及保证性这 4 个因子有效的解释顾客满意度的变差。

由表 4.17 可以得知，可靠性、可接触性、关怀性及保证性 4 个因子的回归系数 t 值在 0.05 的水平上均达到显著。常数项的显著性概率 0.000<0.05，表示常数项与 0 有显著性差异，应该出现在回归方程中。从回归分析中，可

以得到非标准回归方程：

顾客满意度 = 4.794 + 0.414 × 可靠性 + 0.207 × 可接触性 + 0.140 × 关怀性 + 0.126 × 保证性

因此，可以认为：在顾客中，服务质量的关怀性、保证性、可接触性及可靠性4个因子与顾客满意度存在因果关系，而有形性、反应性与顾客满意度不存在直接影响。

（二）服务质量对顾客忠诚度的回归分析

从本节的相关分析已经得知，服务质量的6个因子中，关怀性、保证性、可接触性、可靠性、有形性及反应性都与顾客忠诚度存在显著的正相关关系。其中，可靠性、反应性、关怀性，以及保证性这4个相关系数大于0.3，它们与顾客忠诚度的相关关系为显著相关。而有形性和可接触性这两个因子与顾客忠诚度的相关系数均小于0.3，表明这两个因子与顾客满意度的相关性不显著。

因此，令被解释变量为顾客的忠诚度，解释变量为服务质量的4个因子：可靠性、反应性、关怀性，以及保证性，以探讨顾客忠诚度可由服务质量各因子解释的程度。具体见表4.18。

由表4.18可以得知，第四步回归 $F = 48.451$，$p < 0.01$ 达到显著水平，表示可以根据服务质量的可靠性、反应性、关怀性，以及保证性这4个因子有效的解释顾客忠诚度的变差。

表 4.18　顾客服务质量对忠诚度的回归分析

模型	进入回归模型顺序	非标准回归系数	标准回归系数	T 值	判定系数 R^2	调整判断系数 R^2	F 值
1	常数项	4.465	—	82.568**	0.323	0.321	148.146**
	可靠性	0.387	0.365	6.939**			

续表

模型	进入回归模型顺序	非标准回归系数	标准回归系数	T 值	判定系数 R^2	调整判断系数 R^2	F 值
2	常数项	4.524	—	83.771**	0.355	0.347	85.008**
	可靠性	0.292	0.275	5.044**			
	反应性	0.233	0.249	4.564**			
3	常数项	4.468	—	83.907**	0.369	0.361	55.771**
	可靠性	0.211	0.209	3.340**			
	反应性	0.256	0.228	4.139**			
	关怀性	0.136	0.132	2.210*			
4	常数项	4.537	—	80.104**	0.389	0.381	48.451**
	可靠性	0.222	0.210	3.201**			
	反应性	0.214	0.206	3.409**			
	关怀性	0.316	0.237	3.839**			
	保证性	0.204	0.221	3.114**			

*表示在 0.05 的水平上显著；**表示在 0.01 的水平上显著。

由表 4.18 可以得知，第四步回归后判定系数 $R^2 = 0.381$，表示由这 4 个因子可以解释顾客忠诚度总变差的 38.1%。可靠性、反应性、关怀性及保证性这 4 个因子的回归系数 t 值均达到显著水平，常数项的显著性概率 0.000 < 0.05，表示常数项与 0 有显著性差异，应该出现在回归方程中。从回归分析中，可以得到非标准回归方程：

顾客忠诚度 = 4.537 + 0.222×可靠性 + 0.214×反应性 + 0.136×关怀性 + 0.204×保证性

因此，可以得出：服务质量的 4 个因子可靠性、反应性、关怀性，及可靠性与顾客忠诚度存在因果关系，而服务质量的可接触性和有形性与顾客忠诚度不存在直接影响。

（三）顾客满意度对忠诚度的回归分析

从本节的相关分析已经得知，顾客满意度与忠诚度存在显著相关关系。因此，我们令顾客忠诚度为被解释变量，顾客满意度为解释变量，进行回归分析。

由表 4.19 可以得知，$F = 156.769$，$p < 0.01$ 达到显著水平，表示可以根据顾客满意度有效解释忠诚度的变差。回归后的判断系数 $R^2 = 0.331$，表示由满意度可以解释忠诚度总变差的 33.1%。常数项的显著性概率 $0.000 < 0.05$，表示常数项与 0 有显著性差异，应该出现在回归方程中。因此可以得到非标准的回归方程：

顾客忠诚度 $= 1.427 + 0.642 \times$ 顾客满意度

表 4.19　顾客满意度对忠诚度的同归分析

模型	进入回归模型顺序	非标准回归系数	标准回归系数	T 值	判定系数 R^2	调整判断系数 R^2	F 值
1	常数项	1.427	—	5.703 **	0.333	0.331	156.769 **
	满意度	0.642	0.557	12.521 **			

（四）对顾客满意度中介作用的分析

本节主要研究关于顾客满意度是否对服务质量与顾客忠诚度之间的关系具有中介作用。Baron、Kenny（1986）及 Meehan（1997）曾经针对中介因素 B 对另外两个变量（自变量 A 和因变量 C）之间关系的影响进行研究后认为，模型中的 B 要被称为中介变量（mediator），应同时满足以下 4 个条件。

（1）自变量 A 对因变量 C 具有显著的解释力；

（2）自变量 A 对中介变量 B 具有显著的解释力；

（3）中介变量 B 对因变量 C 具有显著的解释力；

（4）在上述三个条件都成立的情况下，同时考虑自变量 A 和中介变量 B 对因变量 C 的影响时，自变量 A 对因变量 C 的影响效果小于自变量 A 单独对最终因变量 C 的影响效果。也就是说，随着中介变量 B 的介入，自变量 A 对因变量 C 的直接影响效果降低了。

在本研究中，如图 4.2 所示，自变量 A 指的是关怀性、可靠性、保证性和反应性；中介变量 B 为顾客满意度；因变量 C 为顾客忠诚度。它们进行回归分析，研究顾客满意度在可靠性、关怀性、保证性、反映性和忠诚度之间所起的中介作用。

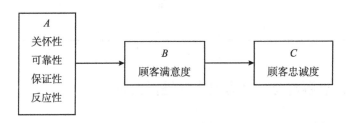

图 4.2　中介变量作用示意

下面将可靠性、关怀性、保证性及反应性（自变量 A）与顾客满意度（中介变量 B）放在一起同时对顾客忠诚度（因变量 C）进行回归，得到表 4.20。

将表 4.18 与表 4.20 进行对比可以发现，服务品质的关怀性、可靠性、保证性，以及反应性对顾客忠诚度直接回归所得到的系数都要大于它们和顾客满意度一起对顾客忠诚度回归时得到的回归系数，并且显著性系数大于 0.05，即显著关系消失。也就是说，当作为中介变量的顾客满意度加入后，关怀性、可靠性，以及保证性对顾客忠诚度的直接影响作用消失了。据此可以判断顾客满意度在关怀性、可靠性、保证性，以及反应性因子与顾客忠诚度之间的中介作用是存在的。也就是说，由于中介变量的顾客满意度加入，服务质量中关怀性、可靠性和保证性三因子与顾客忠诚度之间的相关关系不存在，而服务质量中只有反应性和顾客满意度对顾客忠诚度仍存在有显著影响。

表 4.20 顾客满意度中介作用的分析

自变量\因变量	顾客忠诚度			
	非标准回归系数	标准回归系数	Sig.	调整判定系数 R^2
常数项	1.793	—	0.000	
关怀性	0.066	0.064	0.247	
可靠性	−0.040	−0.037	0.242	0.367
保证性	0.046	0.041	0.217	
反应性	0.258	0.207	0.000	
满意度	0.576	0.517	0.000	

（五） 以顾客忠诚度为因变量进行回归

经过前面的相关分析和回归分析，我们已经得知：反应性、满意度对顾客忠诚度有显著影响，抱怨行为与顾客忠诚度有显著负相关关系。因此，我们下面将以顾客忠诚度为因变量，反应性、顾客满意度和抱怨行为为自变量进行回归，得到表 4.21。

表 4.21 顾客忠诚度的回归分析

变量	非标准回归系数	标准回归系数	T 值	Sig.	判定系数 R^2	调整判断系数 R^2
常数项	2.190	—	6.606	0.000	—	—
顾客满意度	0.575	0.517	11.135	0.000	0.333	0.331
顾客反应性	0.182	0.195	4.176	0.000	0.372	0.368
顾客抱怨行为	−0.092	−0.089	−1.984	0.048	0.380	0.374

由表 4.21 可以得到顾客忠诚度的回归方程：

顾客忠诚度=2.19+0.575×顾客满意度+0.182×顾客反应性−0.092×顾客
　　　抱怨行为

因此，可以得出：在整体顾客群中，服务质量的反应性因子、满意度及抱怨行为与顾客忠诚度之间存在因果关系。

三、基于结构方程模型的假设检验（SEM）

尽管采用相关分析对假设关系进行检验时都具有统计显著性。但是把这些关系综合考虑时，由于变量之间具有一定的相互作用，研究结论不一定正确。结构方程则能解决存在多个因变量需要回归且因变量之间存在相关关系的情况。它是一种用实证数据来验证理论模式的统计方法，它融合了因素分析（factor analysis）和路径分析（path analysis）两种统计技术，是当代社会科学量化研究中最重要的新兴统计方法。因此，本研究采用 AMOS13.0 软件进行结构方程模型分析，以进一步检验本研究提出的假设。

（一）整体理论模型检验

整体模型拟合度指针是用来检验整体模式与观察数据的拟合成，这方面的适合度衡量标准有多种指标，一般将其分为三种类型：绝对拟合指数、相对拟合指数和简约拟合指数。模型拟合指数见表 4.22，综合各项指针判断，本书理论模型的整体模型拟合度较好，可以用来检验本书提出的理论假设。

表 4.22　模型拟合指数

拟合指标		模型估计	估计值区间
绝对拟合指数	x^2（概度比率卡方检验值）	71.57（df =38）	—
	GFI（良性拟合指数）	0.918	大于 0.90
	AGFI（调整的良性拟合指标）	0.858	接近于 0.90
	RMR（均方根残差）	0.019	小于 0.05
	RMSEA（近似误差平方根）	0.078	小于 0.08
相对拟合指数	CFI（比较拟合指标）	0.967	大于 0.90 接近 1.00
	IFI（增值拟合指标）	0.968	大于 0.90 接近 1.00
	NFI（规范拟合指标）	0.934	大于 0.90 接近 1.00
	RFI（相对拟合指标）	0.904	大于 0.90 接近 1.00
	TLI（Tucker 2 Lewis 指标）	0.953	大于 0.90 接近 1.00
简约拟合指数	AIC（阿凯克信息标准）（理论模式）	127.570	理论模式 AIC 值小于饱和模式 AIC 值和独立模式 AIC 值
	AIC（阿凯克信息标准）（饱和模式）	132.000	
	AIC（阿凯克信息标准）（独立模式）	1099.914	
	PNFI（简约规范拟合指标）	0.645	大于 0.50
	PCFI（简约比较拟合指标）	0.668	大于 0.50
	x^2/df（卡方值与自由度的比值）	1.883	大于 1.00 小于 3.00

（二）假设验证

理论模式的路径系数和假设检验结果如表 4.23 所示：假设 H2a、H2b、H2d、H2f、H3c、H4 及 H6 的 p 值都小于 0.05，这些假设都获得了支持。而 H2c、H2e、H3a、H3b、H3d、H3e、H3f 及 H5 的 p 值大于 0.05，故未获支持。

表 4.23　理论模式的路径系数与假设验证

变量间关系	路径系数	p 值	对应假设	检验结果
关怀性→顾客满意度	0.354	0.000	H2a	支持
保证性→顾客满意度	0.367	0.000	H2b	支持
反应性→顾客满意度	0.085	0.936	H2c	不支持
可靠性→顾客满意度	0.384	0.000	H2d	支持
有形性→顾客满意度	0.057	0.620	H2e	不支持
可接触性→顾客满意度	0.384	0.000	H2f	支持
关怀性→顾客忠诚度	0.042	0.540	H3a	不支持
保证性→顾客忠诚度	0.047	0.570	H3b	不支持
反应性→顾客忠诚度	0.248	0.000	H3c	支持
可靠性→顾客忠诚度	0.084	0.923	H3d	不支持
有形性→顾客忠诚度	0.051	0.610	H3e	不支持
可接触性→顾客忠诚度	0.081	0.916	H3f	不支持
顾客满意度→顾客忠诚度	0.357	0.000	H4	支持
顾客满意度→顾客抱怨行为	0.040	0.515	H5	不支持
顾客抱怨行为→顾客忠诚度	0.367	0.000	H6	支持

（三）修正后的模型

本研究模型的假设部分得到了支持，例如 H2a、H2b、H2d、H2f、H3c、H4 及 H6 等都获得了支持，但是有部分假设没有获得支持，如 H2c、H2e、H3a、H3b、H3d、H3e、H3f 及 H5。统计结果显示，服务质量的关怀性、可靠性、保证性和可接触性等因素对顾客满意度有显著的影响作用。服务质量的反应性也对顾客忠诚度有显著的影响作用。同时，顾客满意度对顾客忠诚度有显著的影响作用。顾客抱怨行为对顾客忠诚度有显著的负相关影响。

根据研究假设验证的结果，得出了修正的模型，如图 4.3 所示。

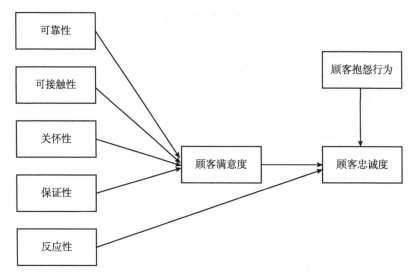

图 4.3　修正后的顾客忠诚度模型

第五节　本章小节

本章首先对所收集的样本特征进行了描述性分析，然后，采用 SPSS26.0 和 AMOS13.0 统计分析软件，运用相关分析、多元回归分析基础上，以结构方程模型，对国有商业银行零售顾客实证研究结果进行总结和讨论，对研究假设做出修正，得出顾客忠诚度模型。最后根据本章资料的分析归纳出对管理实践的结论和启示，统计结果显示如下。

第一，服务质量与感知服务质量的差异分析，采用配对样本的 t 检验来检验假设 H1，检验结果有显著性差异（Sig. <0.05），故假设 H1 不成立。

第二，服务质量在关怀性、保证性、可接触性、可靠性方面对顾客满意度有显著正向影响（即 H2a、H2b、H2f、H2d 成立）。另外，本研究也发现，有形性和反应性对顾客满意度无显著影响（即 H2c 和 H2e 不成立）。

第三，由于中介变量顾客满意度的介入，使得可靠性、关怀性，以及保证性等三个方面对顾客忠诚度正向影响呈不显著（即 H3a、H3b、H3d 不成立）。同时，有形性和可接触性对忠诚度也无显著正向影响（即 H3e、H3f 不成立）。在服务质量各因素中，只有反应性对顾客忠诚度有正向影响（即 H3c 成立）。

第四，顾客满意度对忠诚度有显著正向影响（即 H4 成立）。

第五，顾客满意度对顾客抱怨行为无显著负向影响（即 H5 不成立）。

第六，顾客抱怨行为对顾客忠诚度存在显著负向影响（即 H6 成立）。

第五章　结论与展望

本研究主要目的在于从零售顾客的视角出发，为国有商业银行建立一个顾客忠诚度的模型。其过程主要涵盖顾客感知的服务质量与期望的服务质量的情况、顾客的满意情况、顾客的忠诚情况，以及顾客的抱怨行为情况，感知服务质量与期望服务质量的差距、服务质量因子的建立，以及建立了顾客忠诚度模型。

因此，本章将针对研究目的及研究分析的结果，首先汇总，得到本书的研究结论；其次再依据研究结论，为国有商业银行的建设提出改进建议；最后，对今后研究提供研究方向。

第一节　研究结果讨论

一、顾客对国有商业银行各方面的评价

首先，顾客对国有商业银行服务质量在使用前的预期方面，期待程度最高的三项依次为：交易准确性、员工态度、各种业务收取服务费用合理。由此可知，国有商业银行的顾客通常希望自己所选择的银行是可以值得信任的，希望能为其提供一个可靠而又准确的服务。而使用后感知服务质量得分最高的三项与期望服务质量的前三项相同并没有发生变化，这也说明顾客使用后

确实感知到国有商业银行为其提供了可靠而便利的服务，国有商业银行是可以信任的。

期望程度最低的三项为：便利的停车场所、为顾客个性化的服务和员工仪表整洁得体。这说明顾客对国有商业银行的外在表现并不抱很大期望。而感知程度最低的三项为排队等候时间短、银行对顾客数据管理采取安全保障措施，以及银行在营业场所设立安全保障系统。这说明国有商业银行在服务安全方面，营业现场服务管理方面确实存在一定的问题，银行应提高这些方面的服务质量。

其次，在满意度方面，顾客对"该国有商业银行的整体表现与自己的期望接近"感到最满意。其次为"整体而言，我对目前这家国有商业银行的服务质量感到满意"。最后为"整体而言，我对目前这家银行感到满意"。顾客的整体满意度处在一般和有点感到满意之间这样一种状态。

再次，当顾客对国有商业银行有任何不满时，可能采取的顾客抱怨行为依次为"向亲朋好友抱怨""向该银行系统抱怨""向其他团体抱怨""不向任何人抱怨"。由此可以看出，顾客自我保护意识的增强，当顾客有不满时，不再只是向周围的人抱怨而已，而是通过抱怨渠道向国有商业银行反映问题，但不太倾向向消费者协会或其他团体进行申诉。

最后，在忠诚度方面，一般而言，顾客对国有商业银行忠诚的表现依次是会继续使用这家国有商业银行，并进一步选择购买该银行的其他金融商品即交叉购买，然后是将该国有商业银行推荐给亲朋好友，最后是提价后继续使用。我们可以看出，国有商业银行顾客对价格比较敏感，银行应制定合理稳定的服务费用，不能轻易提高服务费用。

二、期望服务质量与感知服务质量的差异分析

顾客对国有商业银行服务质量的期望与感知存在显著的差异，而且大多

数是负向差异，也就是说 PZB 于 1985 年提出的服务质量差距模型中的"缺口5"存在。顾客使用国有商业银行后感知到的服务质量不如期望的好，这就说明国有商业银行还有很大的空间用以改善服务质量，提升顾客感知到的服务质量，努力缩减两者之间的差距。

顾客在可通过电话获取所需信息、银行对顾客数据管理采取安全保密措施、员工仪表整洁得体、排队等候时间短、为顾客提供个性化的服务，以及补救性服务措施及时适当等问项上，顾客的期望与感知存在较大的显著负向差异。因此，国有商业银行应着力解决这些问题，为顾客提供优质的服务，让顾客感觉到银行始终都很重视他们的需求，一直都在努力改善与顾客的关系，努力为顾客提供高质量的服务。

三、服务质量因子构成的讨论

本研究在广泛阅读以往关于服务质量相关文献的基础上，参考运用广泛的 SERVQUAL 测量量表和 Bahia、Nantel（2000）测量银行感知服务质量的量表，结合对 100 名国有商业银行零售顾客的小规模访谈，设计出包含 25 个项目的调查问卷以测量国有商业银行零售顾客对银行服务质量的感知。通过对问卷信度的分析，最终发展成包含 24 个项目的国有商业银行感知服务质量的测量量表。通过对 721 名国有商业银行零售顾客调查所得资料进行探索性因子分析，得到银行感知服务质量由 6 个因子组成，即关怀性、保证性、反应性、可靠性、有形性，可接触性。同时，本研究还对银行感知服务质量的 6 个因子，重新进行了定义和补充。

首先，在对银行零售顾客问卷调研的基础上，对 SERVQUAL 测量量表和 Bahia、Nantel（2000）测量量表进行了修改和补充。剔除了 4 项顾客认为与体现银行服务质量不相关的量表，如与服务相关的材料（如宣传材料或广告词）有吸引力、员工了解顾客的需求、员工的行为使顾客对其产生信任，以及网络银行的服务页面简单且易操作。同时，又增加了顾客认为能够体现银行服务质量的 4 项量表，即地理位置、便利的停车场所、补救性服务措施及时适当，以及对顾客抱怨处理及时适当。

其次，扩展服务质量保证性的研究内涵。在原有量表的基础上，扩展了顾客"安全性"需求的内涵，并提出了 2 项新的衡量量表，即对顾客个人信息数据采取安全措施，以及为顾客提供在银行营业现场的人身安全保障设施。

最后，由于传统的顾客服务理念，已不适应网络时代的顾客的需求。网络时代的顾客注重购买便捷、配送速度、个性特征，以及互动交流。本研究结合网络时代顾客对金融服务的新要求，创新地提出了服务质量的"可接触性"。并提出了 2 项新的测量量表，即网络银行的服务页面简单且易操作、自助银行和 ATM 机分布广。由于目前顾客对网络银行的使用还存在一些局限性，因此，在小规模的访谈中，顾客把"网络银行的服务页面简单且易操作"删除，没有把这一项作为衡量银行服务质量的量表。但随着顾客现代知识水平的提高，尤其是对网络信息技术的掌握，网络银行必将成为未来银行经营的一种现代模式。

与通用的 SERVQUAL5 因子测量所有服务业感知质量，选取银行业作为实证研究时得到的结论相比，本研究探索得到的 6 个因子具有更好的信度。从而验证了 Carman（1990）和 Babakus、Boller（1992）对 SERVQUAL 测量方法的质疑：SERVQUAL 对不同的行业并不具有完全的适用性，服务质量测量维度的提出可能取决于具体研究的服务行业。

四、国有商业银行顾客忠诚度的研究

研究结果表明，服务质量在关怀性、保证性、可接触性及可靠性方面，对满意度有显著正向影响。也就是说，改善服务质量的这几个方面，会提升顾客的满意度，进而提高顾客的忠诚度。由于顾客满意的中介作用，这

4 个因子对忠诚度的影响变弱。而服务质量在反应性方面对顾客忠诚度直接产生正向影响，对顾客的需求反应的越及时，顾客对的反应性评价越高，顾客的忠诚度也就越高。顾客的满意度对忠诚度也有显著正向影响。因此，顾客对该国有商业银行越满意，他对该的忠诚度也就越高。顾客抱怨行为对顾客的忠诚度有显著负向影响。顾客抱怨行为的减少，可以明显地提升顾客的忠诚度。另外，在本研究中顾客满意与顾客抱怨行为之间不存在显著的相关关系。

通过逐步回归分析，分别得到顾客满意度和顾客忠诚度的回归方程，如下所示：

顾客满意度 = 4.794+0.414×可靠性+0.207×可接触性+ 0.140×关怀性+ 0.126×保证性

顾客忠诚度 = 2.19+0.575×满意度+0.182×反应性−0.092×顾客抱怨行为

第二节　研究结论

通过研究结果的分析，本研究建立了国有商业银行顾客忠诚度的模型（图 4.3），汇总后得到本书的研究结论如下：

（1）探索出国有商业银行业服务质量的 6 个因子，即关怀性、保证性、可靠性、有形性、反应性，以及可接触性。

（2）服务质量的 6 个因子中，关怀性、保证性、可靠性及可接触性对顾客满意有显著的正向影响，而反应性和有形性对顾客满意度并不存在显著性影响。

（3）服务质量的 6 个因子中，只有反应性对顾客忠诚度有显著的正向影响，而关怀性、保证性、可靠性、可接触性，以及有形性对顾客忠诚度并不存在显著性影响。

（4）顾客满意度对顾客忠诚度存在显著的正向影响。

（5）顾客满意度对顾客抱怨行为不存在显著性影响。

（6）顾客抱怨行为对顾客忠诚度存在显著的负向影响。

第三节 本研究对国有商业银行的启示和建议

根据前面的结论分析，本研究为国有商业银行提出一些建议，希望能够以此帮助国有商业银行业提高服务质量，提高顾客的满意度，减少顾客的抱怨行为，加强对失误的补救，进而培养出顾客的忠诚度。

首先，银行要明确服务质量可创造顾客价值。

优良的服务可以使顾客感到满意，使顾客有种归属感，进而导致顾客会继续使用该银行的产品，并愿意为企业担当形象宣传的角色。这样可使企业降低吸引新顾客的成本。同时又由于吸引到新顾客，留住了老顾客增加了企业的利润。在服务质量方面，国有商业银行应优先改进感知与期望差距较大的项目。不仅要重视顾客的需要，不可因为忙就能忽视对顾客的响应，而且还要使顾客有被重视的感觉，让顾客觉得银行是非常愿意帮助你解决问题的。

其次，提供让顾客满意的服务，获取顾客的满意和忠诚。

弄清服务质量、顾客满意和忠诚这些关键因素的驱动力，以及这些因素之间的关系，它们是企业成功的基础。

本研究表明，服务质量在关怀性、保证性、可接触性、可靠性4个方面都对顾客的满意度产生直接影响，并且顾客满意度对忠诚度有直接影响；服务质量在反应性方面对忠诚度有直接影响。因此，国有商业银行要不断完善、不断提高的服务质量，建立"注重保持和提高现有顾客满意和忠诚而不是获得新顾客"的关系营销。应着力从这4个方面去提高服务的质量，进而提升顾客的满意度与忠诚度，具体措施如下。

第一，以客户为中心，为顾客提供个性化的服务和帮助。要认识到客户是银行赖以生存的基础，失去了客户就失去了银行存在的价值和意义。

第二，重视员工招聘和培训。本研究结论发现，服务提供过程中员工乐于提供帮助、员工态度以及员工的服务效率都会影响顾客满意和忠诚，而这几项的有效改善均与招聘员工的质量、员工培训有密切联系。因而，通过对员工的招聘，选择工作能力、技术资格强和与人为善、工作态度好的员工。同时，还注重对员工的技术培训、业务岗位相关的培训以及沟通技巧的培训等来提高员工的综合素质和业务素质。

第三，加强银行的服务安全。首先要保证顾客数据的安全。制定顾客数据的具体保密措施，防止顾客资料在进入银行后由于保管不当，而出现数据外泄的情况。其次，保证顾客在银行营养现场的人身安全，在营业现场设立现代化的安全监控设施。同时，培训银行保安人员，维护银行营业现场次序，保护顾客的人身和财产安全。

第四，提供更便捷的、现代化的金融服务。国有商业银行可依靠现代化信息技术，优化服务网点的分布，完善 ATM 机和 POS 机的服务功能，建立和完善网络银行，加快 24 小时服务的建设，从而提高服务的便捷性和互动性。

第五，建立快速反应机制，积极响应顾客的需要。

本研究表明，顾客抱怨行为对顾客忠诚度存在显著性负向影响。因此，关注顾客的要求，及时解决顾客的意见和建议，为顾客提供高质高效的服务，成为国有商业银行提高顾客忠诚度的关键。

国有商业银行要鼓励顾客向企业提出自己的不满，而不是采取其他的途径来发泄自己的不满。如果顾客向周围的人抱怨自己的不满，就会对银行的形象造成负面影响，使企业失去部分潜在顾客，而且银行无法通过服务补救来消除顾客的不满。为此，国有商业银行可以通过奖励积分或其他奖励措施，鼓励顾客向银行反映问题或提出建议。同时，也可以定期进行顾客意见调查，及时了解顾客的建议。更为重要的是要完善银行投诉处理的流程。具体措施如下：

第一，建立多种沟通渠道，使顾客可以很容易地与银行进行沟通，反映问题或寻求帮助。

第二，建立公司投诉处理章程，在章程中明确规定接到投诉后多长时间内必须予以解决，注重投诉处理的时效性。

第三，要将解决的结果通知顾客，询问顾客对这种解决方式是否满意。

第四，投诉处理的过程要进行书面备案，对投诉的问题进行归类，用以改善服务避免此类问题的再次发生。

第四节　未来研究方向

针对目前理论研究的现状和国有商业银行业的需求，本研究提出进一步的研究方向如下：

首先，由于时间和精力的限制，本研究的研究范围主要是在深圳。建议在未来的研究中，应尽量使样本在地区、使用族群上分布得更为广泛，可以研究不同地区之间是否存在差异，进而得出更具有普遍意义的结论。

其次，本研究并没有限定一家或几家国有商业银行作为研究条件，建议后续研究者可针对某几家国有商业银行作实证分析，以比较各家国有商业银行的差异。

再次，本研究是以 PZB 等人的服务质量特性为基础，再参考其他相关文献而提出本研究的服务质量因子，建议后续研究可以参考未来最新的相关文献，找出最符合国有商业银行服务质量特性的因子。

最后，本研究探讨的条件是已经使用国有商业银行的顾客，在研究中，只是简单统计了使用国有商业银行人口比例，并没有对未使用国有商业银行的顾客，即对国有商业银行的潜在顾客进行探讨，因此建议后续研究可在这方面做进一步的探讨。

参考文献

一、中文部分

白长虹,刘炽,2002.服务企业的顾客忠诚及其决定因素研究[J].南开管理评论(6):64-69.

柴盈,韦福祥,2014.服务质量的综述与思考[J].科技与管理(3):36-38.

陈明亮,2013.客户重复购买意向决定因素的实证研究[J].科研管理(1):110-115.

陈晓群,2014.美国网上银行的发展及启示[J].企业经济(7):158-160.

董大海,汪克艳,2014.西方的顾客满意测量模式研究述评[J].科学学与科学技术管理:理论与方法(1):92-9.

菲利普·科特勒,2016.营销管理[M].北京:中国人民大学出版社:198-210.

付慧,2016.网上银行环境下企业客户潜在价值影响因素研究[D].杭州:浙江大学.

海宝,2015.国内网上银行服务质量研究[D].杭州:浙江大学.

韩经纶,韦福祥,2010.顾客满意度与忠诚度的互动关系研究[J].南开管理评论(4):3-9.

韩小芸,汪纯孝,2013.服务性企业顾客满意感与忠诚感关系[M].北京:清华大学出版社.

郝倩情,2014.现代银行经营模式——网上银行[J].理论探索(6):88-89.

霍映宝,韩之俊,2014.顾客忠诚研究述评[J].商业研究(4):77-80.

蒋波,2013.服务市场的顾客满意度研究[D].哈尔滨:哈尔滨工业大学.

焦伟侠,顾巍,2015.顾客忠诚的内涵及其提供途径明[J].商业研究(9):120-122.

雷大章,2014.顾客满意与顾客忠诚的关系分析[J].商业研究(2):150-152.

李纯青,孙瑛,郭承运,2014.e-服务质量决定因素与测量模型研究[J].运筹与管理(5):

132-136.

李东,2014.网上银行发展战略研究[J].经济论坛(5):94-95.

李怀祖,2014.管理研究方法论(第二版)[M].西安:西安交通大学出版社:259-275.

李倩,钟胜,2015.面向管理改进的服务企业顾客满意度模型[J].商业经济与管理,(162):66-71.

林季苇,2016.银行服务质量与顾客满意度之研究[D].台南:台湾成功大学.

刘德智,梁工谦,2016.顾客满意与忠诚的关系研究[J].现代管理科学(2):16-18.

刘金兰,朱晓肠,2014.顾客满意度指标重要性测量的主成分分析与多元回归方法[J].天津大学学报(社会科学版)(2):159-163.

马力,齐善鸿,2015.基于激励-保健理论的顾客满意理论及服务系统的研究[J].科研管理(26):152-157.

马庆国,2012.管理统计[M].北京:科学出版社.

屈云波,程曼丽,2006.建立顾客忠诚[M].北京:企业管理出版社:105-137.

任远,岳忠宪,2014.商业银行经营管理[M].西安:陕西人民出版社:1-20.

桑辉,许辉,2015.管理网络银行服务质量:差距分析法[J].国际金融研究(1):69-73.

申跃,2015.基于满意度的顾客抱怨模型研究[D].北京:清华大学.

孙丽辉,2013.顾客满意理论研究[J].东北师大学报(哲学社会科学版)(204):18-23.

汪纯孝,韩小芸,温碧燕,2013.顾客满意感与忠诚感关系的实证研究[J].南开管理评论(4):70-74.

王进富,张道宏,刘西民,2015.国有商业银行顾客满意度研究[J].华东经济管理(19):88-92.

吴丰,付强,2011.国有商业银行顾客满意度分析[J].商业研究(5):45-47.

徐金灿,2008.消费者满意度研究综述[J].心理学动态(3):64-65.

徐金灿,马谋超,陈毅文,2012.服务质量的研究综述[J].心理科学进展(10):233-239.

许梅,2012.浅析商业银行的服务营销[J].技术经济与管理研究(4):94-95.

严浩仁,贾生华,2014.试论顾客满意的形成机理模型及其发展[J].经济经纬(1):88-91.

杨有振,2013.商业银行经营管理[M].北京:中国金融出版社:1-20.

张大亮,2010.消费者满意度分析的一种工具——奖励分析法[J].技术经济与管理研究(6):48-49.

二、英文部分

Anderson E W,Sullivan M W,1994.The antecedents and consequences of customer satisfaction for firms[J].Marketing Science (12):25-43.

Anderson J C,Garbing D W,1988.Structural equation modeling in practice:a review and recommended two-step approach[J].Psychological Bulletin,103(3):411-423.

Anne J B,Supatra V,2012.Service quality in Internet banking:the importance of customer role[J].Marketing Intelligence Planning,20(6):53-55.

Bolton R N, Drew J H,1991.A multistage model of customers' assessments of service quality and value[J].Journal of Consumer Research (17):75-84.

Bowen J T,Chen S L,2011.The relationship between customer loyalty and customer satisfaction[J].International Journal of Contemporary Hospitality (13):83-87.

Brady M K, Cronin J T,2001.Some new thoughts on conceptualizing perceived service quality a hierarchical approach[J].Journal of Marketing (65):34-49.

Brown S W,Swartz T A,1989.Gap analysis of professional service quality[J].Journal of Marketing (53):92-98.

Cadotte E R,Woodruff R B,Jenkins R L,1987.Exceptions and norms in models of consumer satisfaction[J].Journal of Marketing Research (24):105-114.

Chananka J,Paul F,2010.Changes in the banking sector-the case of Internet banking in the UK[J].Internet Research:Electronic Networking Applications and Policy,1(1):15-20.

Clark G L,Kaminski P F, Rink D R,1992.Consumer complaints:Advice on how companies should respond based on an empirical study[J].Journal of Consumer Marketing,9(3):5-14.

Conlon D E,Murray N M,1996.Customer perceptions of corporate responses to product complaints:the role of explanations[J].Journal of the Academy of Management,39(4):140-156.

Cronin J,Taylor S A,1992.Measuring service quality:a reexamination and extension[J].Journal of

Marketing,56(3):55-68.

Crosby P,2008.Quality is Free:The art of making quality certain[D].New York:New American Library.

Cunningham R M, 1956.Brand loyalty-what,where,how much[J]. Harvard Business Review,34 (1):116-126.

Davidow M,Dacin P A,1997.Understanding and influencing consumer complaint behavior:improving organizational complaint management[J].Advances in Consumer Research (24):450-456.

Day R L,1997.Collecting comprehensive consumer complaining data by survey research[J].Advance in Consumer Research (3):163-169.

Dick A S,Basu K,1994.Customer loyalty:towards an integrated conceptual framework[J]. Journal of the Academy of Marketing Science,22(2):99-113.

Etzel M J, Silverman B I,1981.A managerial perspective on directions for retail customer dissatisfaction research[J].Journal of Retailing,57(3):124-136.

Farsad B,Elshennawy A K,1989.Defining service quality is difficult for service and manufacturing firms[J].Industrial Engineering,21(3):17-19.

Firnstanl T W, 1989.My employees are my service guarantees [J]. Harvard Business Review (67):54-58.

Fornell C A,1992.National customer satisfaction barometer:the Swedish Experience[J].Journal of Marketing,56(1):6-22.

Fornell C,Larcker D F,1981.Evaluating structural equation models with unobservable variables and measurement error[J].Journal of Marketing Research,18(3):39-50.

Gilly M C,1987.Post complaint processes:from response to repurchase behavior[J].Journal of Consumer Affair,21(4):103-113.

Grbnroos C, 1982.An applied service marketing theory[J].European Journal of Marketing, 16 (7):30-41.

Grbnroos C,1988.Service quality:the six criteria of good perceived quality. Review of Business (9):10-13.

Griffin J,1997.Customer loyalty,how to earn it,how to keep it[M]. New York:Lexington Book:
226-236.

Gronholdt L,Martensen A,Kristensen K, 2000.The relationship between customer satisfaction and
loyalty:cross-industry differences[J].Total Quality Management (11):109-116.

Hart C W,Heskett J L,Sasser W E,1990.The profitable art of service recovery[J].Harvard Busi-
ness Review,68(4):148-156.

Hurley R F,Estelami H,1998.Alternative indexes for monitoring customer perceptions of service
quality:a comparative evaluation in a retail context[J].Journal of the Academy of Marketing Sci-
ence,26(3):209-221.

Jones T O,Sasser W E,1995.Why satisfied customers defect[J].Harvard Business Review,73
(6):88-99.

Kaiser H F,1970.A second generation little jiffy[J].Psychometrika (35):101-115.

Keaveney S M,1995.Customer switching behavior in service industries:an exploratory study[J].
Journal of Marketing (59):71-82.

Kelley S W,Davis M A,1994.Antecedents to customer expectations for service recovery[J].Journal
of the Academy of Marketing Science,22(1):52-61.

Kotler J,Scheff J,1996.Crisis in the arts:the marketing response[J].California Management Re-
view,39(1):28-53.

Landon E L,1977.A model of consumer complaint behavior [A].In Day R L(ed.),Consumer Sat-
isfaction,Dissatisfaction and Complaining Behavior. Bloomington, IN:Indiana University Press:
156-178.

Lee M,Cunningham L F,2001.A approach to understanding service Loyalty[J].Journal of services
Marketing,15(2):113-130.

Nyer P,1999.Cathartic complaining as means of reducing consumer dissatisfaction[J].Journal of
Consumer Satisfaction (12):15-25.

Oliver R L, 1987.An investigation of the interrelationship between customer(dis)satisfaction and
complaint reports[J].Advances in Consumer Research (14):118-122.

Oliver R L,1987.Measurement and evaluation of satisfaction processes in retailing setting[J].Journal of Retailing,57(3):125-148.

Oliver R L,Desarbo W,1988.Response determents on satisfaction judgments[J].Journsl of Marketing (14):195-205.

Parasuraman A,Zeithaml V A,Bent L L,1988.SERVQUAL:A Multiple item scale for measuring consumer perceptions of service quality[J].Journal of Marketing,64(1):12-20.

Parasuraman A,Zeithaml V A,Berry L L,1985.Problems and strategies in services marketing[J]. Journal of Marketing,49(1):33-46.

Parasuraman A,Zeithaml V A,Berry L L,1991.Refinement and reassessment of the SERVOQUAL scale[J].Journal of Retailing,67(4):120-125.

Parasuraman A,Zeithaml V A,Berry L L,1993.The nature and determinants of customer expectations of service[J].Journal of Academy of Marketing (21):111-115.

Reichheld F,Sasser W E,1990.Zero defections:quality comes to services[J].Harvard Business Review (68):105-111.

Rust R T,Oliver R L,1994.Service quality:insights and managerial implication from the frontier [M]. New York:Sage Publications:205-214.

Sasser W E,Olsen R P,1978.Management of service operations:text and case[M].Boston:Allyn & Bacon:88-97.

Smith A K,Bolton R N,2008.An experimental investigation of customer reactions to service failure and recovery encounter:paradox or peril[J].Journal of Service Research (1):5-17.

Stewart H C,Hope,Muhlemann A,2007.Professional service quality[J].Journal of Retailing and Consumer services,5(4):109-112.

Woodruff R B,Ernest R C,Jenkins R L,2003.Modeling consumer satisfaction processes using experience-based norms[J].Journal of Marketing Research,20(3):196-204.

附　录

附录一　小规模访谈提纲

一、对于一个令您感到满意的银行，您认为哪些银行服务特征非常重要？

_____

_____

二、下列这些因素中，您认为哪些因素不会影响您对银行服务质量的评价？

1. 设备使用方便。
2. 内、外部装饰有吸引力。
3. 员工仪表整洁得体。
4. 履行对顾客的承诺。
5. 在承诺的时间内提供服务。
6. 交易过程中无出错率。

7. 管理人员和柜台人员愿意帮助顾客解决问题/疑问。

8. 不会因太忙而疏于响应顾客。

9. 愿意听取顾客意见。

10. 员工态度友好、礼貌和专业知识强。

11. 柜台人员处理业务时，给顾客以安全感。

12. 服务效率高。

13. 对顾客尊重。

14. 员工的行为使顾客对其产生信任。

15. 与服务相关材料（如宣传材料或广告词）有吸引力。

16. 各种业务收取服务费用合理。

17. 为顾客提供个性化的服务。

18. 员工了解顾客的需求。

19. 排队等候时间短。

20. 以顾客利益为优先考虑的因素。

21. 可以通过电话获取所需信息。

22. 网络银行的服务页面简单且易操作。

23. 自助银行和 ATM 分布广。

24. 银行对顾客数据管理采取安全保密措施。

25. 银行对营业场所设立安全保障系统。

26. 银行对顾客数据管理采取安全保密措施。

附录二　关于国有商业银行服务质量与顾客忠诚度调研问卷

尊敬的女士/先生：

您好，本研究正在做一项关于个人国有商业银行服务质量与顾客忠诚的实证研究，特进行此问卷调查，希望能得到您的帮助。本问卷采用不记名方式，所有数据仅供学术研究之用，请放心作答！非常感谢您的合作！

【填写说明】

本问卷所有问项仅用来了解您的真实感受与看法，没有所谓的正确与错误之分，只需选择您认为合适的选项。我们用 7 分制来衡量您对问项内容的认同程度，具体打分原则如下：1 = "非常不同意"，2 = "不同意"，3 = "有点不满意"，4 = "一般"，5 = "有点同意"，6 = "同意"，7 = "非常同意"。

第一部分：请根据您的实际情况回答下面的问题。

1. 您是否使用过国有商业银行的服务？（　　　）。（如果选 B，您就可以停止作答了，谢谢）

A. 使用过　　　　B. 没有使用过

第二部分：请问您对国有商业银行在"使用前的期望"与"使用后的感知"分别如何？请以打"√"的方式表达您的认同程度。

服务质量	使用前的期望	使用后的感知
	完全不同意→非常同意	完全不同意→非常同意
1. 设备使用方便	1　2　3　4　5　6　7	1　2　3　4　5　6　7
2. 地理位置好	1　2　3　4　5　6　7	1　2　3　4　5　6　7
3. 银行在营业场所设立安全保障系统	1　2　3　4　5　6　7	1　2　3　4　5　6　7

续表

服务质量	使用前的期望	使用后的感知
	完全不同意→非常同意	完全不同意→非常同意
4. 便利的停车场	1 2 3 4 5 6 7	1 2 3 4 5 6 7
5. 员工仪表整洁得体	1 2 3 4 5 6 7	1 2 3 4 5 6 7
6. 自助银行和 ATM 分布广	1 2 3 4 5 6 7	1 2 3 4 5 6 7
7. 员工态度友好、礼貌和专业知识强	1 2 3 4 5 6 7	1 2 3 4 5 6 7
8. 柜台人员处理业务时给顾客以安全感	1 2 3 4 5 6 7	1 2 3 4 5 6 7
9. 履行对顾客的承诺	1 2 3 4 5 6 7	1 2 3 4 5 6 7
10. 在承诺的时间内提供服务	1 2 3 4 5 6 7	1 2 3 4 5 6 7
11. 交易过程中无出错率	1 2 3 4 5 6 7	1 2 3 4 5 6 7
12. 排队等候时间短	1 2 3 4 5 6 7	1 2 3 4 5 6 7
13. 服务效率高	1 2 3 4 5 6 7	1 2 3 4 5 6 7
14. 管理人员和柜台人员愿意帮助顾客解决问题/疑问	1 2 3 4 5 6 7	1 2 3 4 5 6 7
15. 不会因太忙而疏于响应顾客	1 2 3 4 5 6 7	1 2 3 4 5 6 7
16. 愿意听取顾客意见	1 2 3 4 5 6 7	1 2 3 4 5 6 7
17. 可通过电话获取所需信息	1 2 3 4 5 6 7	1 2 3 4 5 6 7
18. 银行对顾客数据管理采取安全保密措施	1 2 3 4 5 6 7	1 2 3 4 5 6 7
19. 对顾客尊重	1 2 3 4 5 6 7	1 2 3 4 5 6 7
20. 以顾客利益为优先考虑的因素	1 2 3 4 5 6 7	1 2 3 4 5 6 7
21. 各种业务收取服务费用合理	1 2 3 4 5 6 7	1 2 3 4 5 6 7
22. 为顾客提供个性化的服务	1 2 3 4 5 6 7	1 2 3 4 5 6 7
23. 补救性服务措施及时适当	1 2 3 4 5 6 7	1 2 3 4 5 6 7
24. 对顾客抱怨的处理及时适当	1 2 3 4 5 6 7	1 2 3 4 5 6 7

第三部分：请问您对国有商业银行在下列各服务质量因素方面的满意程度如何？请以打"√"的方式表达您的认同程度。

序号	满意度	完全不同意→非常同意
25	该国有商业银行的整体表现与自己的期望接近	1　2　3　4　5　6　7
26	整体而言，我对目前这家国有商业银行的服务质量感到满意	1　2　3　4　5　6　7
27	整体而言，我对目前这家国有商业银行感到满意	1　2　3　4　5　6　7

第四部分：当您使用国有商业银行的过程中有任何不满意时，您会采取下列的顾客抱怨行为之程度如何？请以打"√"的方式表达您的认同程度。

序号	顾客抱怨行为	完全不同意→非常同意
28	当我感到不满意时，会向自己的亲朋好友抱怨	1　2　3　4　5　6　7
29	当我感到不满意时，会向该银行抱怨	1　2　3　4　5　6　7
30	当我感到不满意时，会向其他团体（如消费者协会、新闻媒体等）抱怨	1　2　3　4　5　6　7
31	当我感到不满意时，不会向任何人抱怨	1　2　3　4　5　6　7

第五部分：下列是有关您对国有商业银行忠诚度的问题，请以打"√"的方式表达您的认同程度。

序号	忠诚度	完全不同意→非常同意
32	在抱怨后，我会继续使用该银行	1　2　3　4　5　6　7
33	为了维持良好的服务质量而提高交易手续费，我仍愿意选择该银行	1　2　3　4　5　6　7
34	愿意向亲朋好友推荐该银行	1　2　3　4　5　6　7
35	我愿意在该银行购买其他的金融商品	1　2　3　4　5　6　7

第六部分：个人基本资料

1. 您的性别：（　　）。

A. 女　　　　　　　　　　B. 男

2. 请问您的年龄：（　　）。

A. 18~19 岁　　　　　B. 20~29 岁　　　　　C. 30~39 岁

D. 40~49 岁　　　　　E. 50 岁及以上

3. 请问您的教育程度：（　　）。

A. 高中及高中以下　　B. 专科

C. 本科　　　　　　　D. 硕士及硕士以上学历

4. 请问您平均使用国有商业银行的次数约为：（　　）。

A. 0~2 次/月　　　　　B. 3~5 次/月　　　　　C. 6~8 次/月

D. 9~11 次/月　　　　　E. 12 次/月及以上

本问卷至此结束，再次表示感谢！